Georges GOBERT
Docteur en Pharmacie

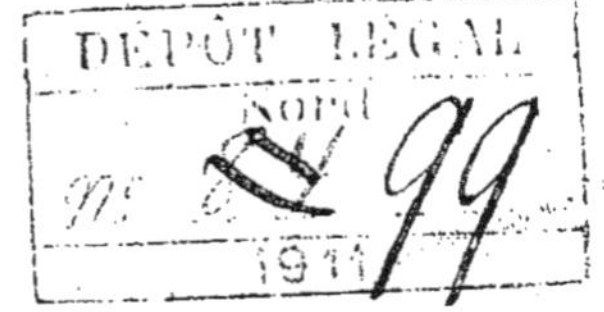

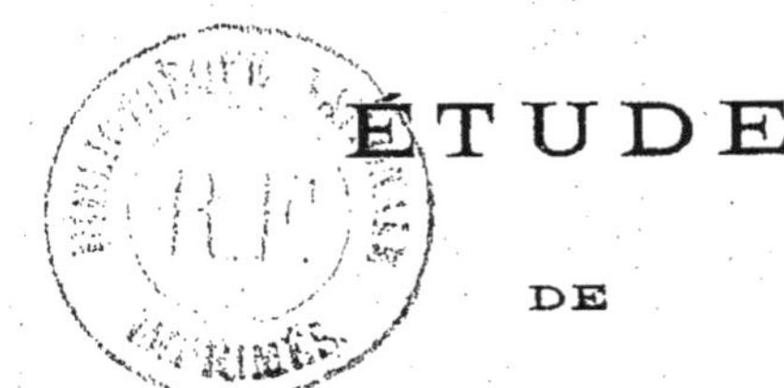

ÉTUDE

DE

L'OXALIS ACETOSELLA L.

LILLE
LE BIGOT FRÈRES
IMPRIMEURS-ÉDITEURS
25, Rue Nicolas-Leblanc, 25

1911

FACULTÉ DE MÉDECINE ET DE PHARMACIE DE LILLE

Année scolaire 1910-1911 — N° 24

THÈSE

POUR

LE DOCTORAT DE L'UNIVERSITÉ DE LILLE

(Mention Pharmacie)

Présentée et soutenue le Mardi 7 Mars 1911, à 5 heures

PAR

M. GOBERT (Georges-Jean-Baptiste-Constant)

PHARMACIEN DE 1re CLASSE

Né le 9 mars 1873, à Aniche (Nord)

ÉTUDE

DE

L'OXALIS ACETOSELLA L.

Le Candidat répondra, en outre, aux questions qui lui seront adressées sur les différentes parties de l'enseignement médical

Président de la Thèse : M. FOCKEU.

Suffragants : MM. BARROIS. VERDUN. VALLÉE.

Suppléant : M. GÉRARD ERNEST.

LILLE

LE BIGOT FRÈRES, Imprimeurs-Éditeurs

25, rue Nicolas-Leblanc, 25

1911

UNIVERSITÉ DE LILLE

FACULTÉ DE MÉDECINE ET DE PHARMACIE

Doyen de la Faculté : M. COMBEMALE (❋, I. ✿, M).

Chaire	Titulaire	Titre
Clinique médicale.	MM. LEMOINE (I. ✿),	profess.
	COMBEMALE (❋, I. ✿, M),	id.
Clinique chirurgicale.	DUBAR O. ❋, I. ✿),	id.
Clinique des mal. cutanées et syphilit.	CHARMEIL (I. ✿),	id.
Clinique obstétricale.	OUI (I. ✿),	id.
Clinique ophtalmologique	BAUDRY (❋, I. ✿, ✠),	id.
Pathologie interne et expérimentale .	SURMONT (I. ✿),	id.
Pathologie externe et Clinique des maladies des voies urinaires. . . .	CARLIER (❋, I. ✿),	id.
Anatomie pathol. et pathol. générale.	CURTIS (I. ✿),	id.
Hygiène et bactériologie	CALMETTE (C. ❋, I. ✿, ✠),	id.
Thérapeutique	CARRIÈRE (I. ✿),	id.
Médecine légale.	PATOIR (A. ✿),	id.
Physiologie	WERTHEIMER (❋, I. ✿),	id.
Anatomie	DEBIERRE (❋, I. ✿),	id.
Histologie	LAGUESSE (I. ✿),	id.
Chimie minérale et Toxicologie . . .	LESCŒUR (I. ✿),	id.
Chimie organique.	LAMBLING (❋, I. ✿),	id.
Physique médicale	DOUMER (I. ✿),	id.
Matière médicale et botanique . . .	FOCKEU (I. ✿, ☘, ✠),	id.
Pharmacie et pharmacologie	GÉRARD (Ernest), (I. ✿),	id.
Zoologie médicale et pharmaceutique	VERDUN (I. ✿, ☘),	id.
Parasitologie.	Th. BARROIS (I. ✿, C. ✠),	id.
Accouchements et Hygiène de la première enfance	BUÉ (I. ✿)	Chargé du cours
Clinique chirurgicale infantile et orthopédie.	GAUDIER (I. ✿),	profess.

Cours complémentaire

Cours	Titulaire	Titre
Clinique médicale des enfants et syphilis infantile.	MM. DELÉARDE (I. ✿),	*Profess. adjoint chargé du cours*
Médecine opératoire	LE FORT (A. ✿, O. ✠),	*chargé du cours*
Maladies du système nerveux . .	INGELRANS (A. ✿),	*chargé du cours*
Pathologie externe.	POTEL (A. ✿),	*chargé d'un cours*
Médecine mentale	RAVIART (A. ✿),	*chargé du cours*
Clinique chirurgicale	LAMBRET (❋, I. ✿),	*Profess. adjoint chargé du cours*

Doyen honoraire : M. DE LAPERSONNE (❋, I. ✿).

Professeurs honoraires : MM. MONIEZ (❋, I. ✿), MORELLE (I. ✿), GAULARD (I. ✿).

Agrégés en exercice :

MM. BÉDART (I. ✿, ✠), GÉRARD (Georges) (I. ✿, ☘, ✠), VALLÉE (I. ✿), INGELRANS (A. ✿), LE FORT (A. ✿, O. ✠), BUÉ (I. ✿), RAVIART (A. ✿), BRETON (A. ✿), POTEL (A. ✿), DUBOIS (A. ✿), MINET, VANVERTS, DESCOMPS.

Agrégé libre : M. THIBAUT (I. ✿, ✠).

La Faculté a décidé que les opinions émises dans les dissertations qui lui seront présentées doivent être considérées comme propres à leurs auteurs et qu'elle n'entend y attacher aucune approbation ni improbation. (Décision de la Faculté en date du 28 février 1878).

A MON PÈRE, A MA MÈRE

Faible témoignage de profonde affection et de reconnaissance.

A LA MÉMOIRE DE MA SŒUR

A MES FRÈRES

A TOUS LES MIENS

A MES AMIS

A MON PRÉSIDENT DE THÈSE

MONSIEUR LE DOCTEUR FOCKEU

Professeur de Botanique et de Matière médicale
à la Faculté de Médecine de Lille

INTRODUCTION

L'Oxalis acetosella occupait autrefois une place importante dans la matière médicale : il suffit, pour s'en convaincre, de parcourir les ouvrages des auteurs anciens ou de relire les formules des pharmacopées des derniers siècles. A l'heure actuelle, cette plante est tout à fait tombée dans l'oubli : ses applications industrielles (pour la fabrication de l'acide oxalique et du sel d'oseille) sont de même absolument reléguées au rang des procédés historiques, détrônés par les méthodes synthétiques de la chimie organique moderne.

Notre intention n'est pas, dans ce modeste travail, de retirer de l'oubli les propriétés réelles ou imaginaires attribuées à l'*Oxalis* dans les livres anciens. Si nous avons choisi cette plante comme sujet de notre étude, c'est qu'elle nous a paru présenter, dans sa morphologie, sa composition chimique, dans les phénomènes de mouvements spontanés de ses feuilles, un ensemble de quelques caractères dignes d'attirer l'attention. Nous avons consacré un chapitre à chacun de ces points de vue différents, en y ajoutant, à côté de quelques considérations générales sur la famille des Oxalidées, les opinions, si curieuses parfois dans leur naïveté, des médecins du vieux temps. Il est souvent intéressant à notre époque de thérapeutique chimique, de relire les opinions d'autrefois sur ces simples qui ont constitué, pendant de si longues périodes, la seule ressource de l'homme contre la maladie.

Avant d'entrer dans l'exposé de notre sujet, c'est un agréable devoir que nous accomplissons en remerciant Monsieur le professeur FOCKEU, pour la bienveillance avec laquelle il nous a reçu et les précieux conseils qu'il nous a donnés au cours de cette modeste étude. Qu'il nous soit permis de le lui dédier comme témoignage de notre vive reconnaissance. Nous adressons aussi l'expression de notre vive gratitude, à Monsieur C.-Eg. BERTRAND, professeur à la Faculté des Sciences, qui a guidé nos premiers pas dans cette science si utile et si féconde en résultats, et à nos anciens maîtres de la Faculté des Sciences de Lille, Messieurs Ch. BARROIS, GOSSELET, HALLEZ.

C'est aussi pour nous un agréable devoir d'adresser nos plus vifs remerciements à notre ami le docteur BRUYANT, qui nous a donné de précieux avis et qui a mis sa grande expérience à notre disposition ; qu'il veuille bien recevoir ici une marque toute particulière de notre profonde gratitude.

PLAN GÉNÉRAL DU TRAVAIL

Nous diviserons l'étude de l'*Oxalis acetosella* de la façon suivante :

Chapitre I. Historique.

— II. Considérations sur la famille des Oxalidées en général (morphologie, affinités, propriétés).

— III. L'*Oxalis acetosella* au point de vue de sa morphologie et de son histologie.

— IV. Composition chimique de l'*Oxalis*.

— V. Propriétés et Usages. Préparations pharmaceutiques.

— VI. Physiologie (Mouvements spontanés, nyctitropisme).

Conclusions.

CHAPITRE PREMIER

HISTORIQUE

L'*Oxalis acetosella* fut connue et employée dès la plus haute antiquité ; les Grecs l'appelaient Οξυτριφυλλον, Trèfle acide, rappelant ainsi sa saveur et sa forme.

Au temps où la botanique et les autres sciences furent reléguées dans les couvents, les moines donnèrent à cette plante le nom d'Alleluia, de l'hébreu hallelou Iah, qui signifie Louez Dieu. On lui donna également le nom d'Oseille de Pâques, car, outre sa saveur qui rappelle celle de l'Oseille commune, elle pousse et fleurit dans les bois à l'époque de Pâques.

C'est elle que NICANDER, poète et médecin de Colophon (Thériaca 840) paraît désigner sous le nom d'Oxalis, de Οξυς, acide, αλς, sel, qui indique son acidité et sa composition.

PLINE L'ANCIEN dans son Histoire Naturelle (lib. 27, cap. 89 I), la dénomme Oxys et en parle en ces termes : « *Oxys folia terna habet. Datur ad stomachum dissolutum. Edunt qui enterocelen habent* ». (L'Oxys (*Oxalis acetosella*) a trois feuilles. On la donne pour les relâchements de l'estomac ; ceux qui ont une enterocèle en mangent).

Dans les « Commentaires très excellents de l'Hystoire des plantes, composez premièrement en latin par Léonarth Fousch, médecin très renommé et traduitz en langue françoise par un homme scavant et bien expert en la matière », (1549) nous lisons dans le Ch. CCXIII sous le titre : Alleluya ou Pain de cocu :
« Oxys en Grec, se nomme de Plyne et autres latins
» Oxys ès boutiques; *Trifoliū acetosum* et Alleluya,
» vulgairement Pain de cocu, et c'est pour ce que
» le cocu en mange voluntiers ou pour ce quant il
» comance à sortir de terre, le cocu comance à chanter.
» Les Grecs l'ont nommé Oxys à cause de son aigreur
» et de sa saveur acide. C'est une basse herbe, ayant
» les queues (pétioles) assez longues et en icelles trois
» feuilles en somme tout aussi qu'au triolet, meuves
» et bordées par le haut. La fleur, blanche, provenante
» après les feuilles sur une simple queue, la graine
» rousse contenue en petites cosses faictes en façon de
» lune, la racine lõgue de travers, noueuse et rousse. »
« Le vieil herbier e fait à la main pense que cette
» herbe soit *Lotus sativa*, l'opinion duquel je n'ap-
» prouve ni ne réprouve pour ce que le *Lotus* n'est point
» décrit de Dioscoride, et la raison pourquoi je ne
» suis pas de son avis en ce passage, c'est que l'herbe
» nommée des barbares Alleluia ne vient point par
» semence, mais quasi partout, elle croît ès forêts et
» autres lieux ombrageux, annonçant toujours
» quelque orage et tempeste, car quand la tempeste
» doibt venir et qu'elle se approche, alors elle s'élève
» comme si elle voulait lucter et batailler. Elle croît

» en plusieurs lieux. Premièrement, nous en avons
» trouvé ès forets et autres lieux pierreux et aquati-
» ques... Elle fleurit en avril et souvent au mois de
» May lorsque le cocu comànce à chanter et de là
» est venu qu'on le nomme Pain de cocu, et j'ai observé
» et plusieurs autres aussi ont cogneu par expérience,
» que si, cest'herbe ha grande quantité de fleurs,
» certainement elle signifie que en cette année là,
» il y aura grandes pluies et inoncations d'eaues,
» au contraire, si elle n'ha guère de fleurs, elle dénote
» sécheresse ».

Gesner Conrad, surnommé le Pline d'Allemagne, dans son *Opera botanica*, p. 115, distingue deux formes sous les noms de Trifolium acetosum n° 1, Trifolium acetosum floribus luteis (Trèfle acide à fleurs jaunes), et n° 2, Trifolium acetosum lactœis floribus vulgatius (Trèfle acide vulgaire à fleurs blanches).

Cette dernière représente notre *Oxalis*. Il énumère les différents auteurs allemands, tels que J. Camerario, P. Vffenbach, Becheri, B. Verzascha, Th. Zwingerum, qui ont décrit et figuré cet *Oxalis*.

Valerius Cordus, dans son *Onomasticum Plantarum*, la cite sous les noms de *Oxytriphyllon*, *Trifolium acetosum*, *Oxys*. D'après cet auteur, elle doit être appelée Alleluia.

Tragus lui consacre le chapitre CLXXII, dans son livre *De Stirpium*, sous le titre *De Oxytriphyllon*, avec comme synonymes Pain de coucou, Alleluia, Luyula ou Alleluia officinarum.

Jean Mesué, l'Evangéliste des Pharmaciens, médecin arabe du XIIe siècle, dans son Antidotaire, LEONH. GILBERTUS et J. MANLIUS la décrivent sous les noms de *Luyula* et *Bacchaelb*. MATTHEUS SYLVATICUS, qui lui consacre également un chapitre (Ch. LXXII) sous les noms de *Bachaelb*, *Oxos*, *Oxis i acetum*, dans son ouvrage *Onomasticum*, écrit au sujet de la dissémination des graines « *semina ejus sunt e vaginalis similibus corniculis quœ cum tanguntur tempore maturationis avolat ab eis.* » Les semences sont contenues dans des loges semblables à des cornes, desquelles, lorsqu'on les touche à maturité, elles s'envolent.

MATTHIOLE, médecin de César, dans ses Commentaires sur *Pedanii Pedacii* ou *Pediani Dioscorides*, libr. III, ch. 106, sous la dénomination de *Trifolium acetosum*, *Oxys* de Pline, Pain de coucou, Alleluia, en donne la description et s'étend sur les propriétés de la plante, que nous verrons plus loin.

Il distingue deux sortes de fleurs, des fleurs mâles que l'on trouve très rarement qui sont entièrement pourpres, et des fleurs femelles de couleur blanche, nuancées de veines pourpres.

Jean BAUHIN, archiâtre, dans son *Historia plantarum universalis* CIↃ IↃ CLI (1651), lib. XVII, cap. LXVI, sous le titre de *Oxis, sive Trifolium acidum flore albo et purpurascente*, donne la description et l'image de la plante, ainsi que les différents noms sous lesquels certains auteurs l'ont appelé, tels que *Trifolium acetosum*, *Lotus*, *Lobelius*, *Alimonia vulgi*, *Oxytriphyllum*, *Acetosa sylvestris*, *Oxalis*, *Luzula*, *Bachael*. Il ajoute que l'*Oxys* de Pline, n'est pas l'*Oxytriphyllum* de DIOSCORIDE, ni le *Lotus sativus*. Enfin, il s'étend sur les propriétés et les usages de l'*Oxalis* que nous retrouverons dans un autre chapitre. Nicolas LEMERY (Dictionnaire universel des drogues simples, 1697), mentionne la plante avec ses divers synonymes, entre autres ceux de *Acetosella*, *Luyula sive Alleluia officinarum*, ainsi que leur étymologie ; puis parlant de la forme du fruit, il s'exprime en ces termes : « Quand les fleurs sont passées, il paraît un fruit membraneux, ayant une figure approchant celle d'une lanterne divisée en cinq loges ».

TOURNEFORT, professeur de botanique au Jardin des Plantes de Paris, sous le règne de Louis XIV, parle de notre herbe dans son ouvrage intitulé : «*Institutiones rei herbariæ* » sous le titre d'*Oxys flore albo et purpurascente*. Dans ses Eléments de Botanique (1694), il décrit onze espèces d'Alleluias, qu'il classe parmi les herbes à fleurs en cloche, où elles constituent le genre VIII section III, des Alleluias classe I.

LINNÉ, le célèbre naturaliste suédois, lui assigne dans sa classification artificielle parue en 1735, la dixième classe, Décandrie et pentagynie, et lui donne le nom qu'elle portera désormais d'*Oxalis acetosella*.

Bernard DE JUSSIEU en 1759, et ADANSON en 1763, classent l'*Oxalis acetosella* dans la famille des Géraines cl. 13, ordre 13.

Antoine-Laurent DE JUSSIEU, dans son *Genera plantarum secundum ordines naturales disposita*, livre paru en 1789, lui donne la même place, puis les sépare des Géraines en 1817.

De Candolle, botaniste génevois, en 1824, propose dans le premier volume de son *Prodomus systematis naturalis regni vegetabilis*, de faire des Oxalidacées un ordre spécial *Oxalideœ*, en groupant les genres *Oxalis*,*Averrhoa* et quelques autres semblables.

G. Bentham et J. D. Hooker, dans leur *Genera plantarum* (1862), font des Oxalidées une des sept tribus de la famille des Géraniacées.

Ach. Richard (1864) en fait une famille spéciale qu'il distingue des Géraniacées par ses feuilles composées sans stipules, par ses styles distincts, par ses loges pluriovulées et par ses graines arillées renfermant un embryon droit dans un endosperme charnu.

Baillon, Van Tieghem, Planchon et plusieurs autres botanistes classent encore les Oxalidées dans la famille des Géraniacées. Le Maout et J. Decaisne (1876) en font, à l'exemple de Ach. Richard, une famille spéciale, celle des Oxalidées. Actuellement, et après les nombreux travaux qui ont été faits, on considère les *Oxalis* comme formant un genre principal, donnant son nom à une famille : celle des Oxalidacées, appartenant à l'ordre des Géraniales ou des Oxalydes.

CHAPITRE II

CONSIDÉRATIONS GÉNÉRALES SUR LA FAMILLE DES OXALIDÉES

Caractères généraux de la famille

Les Oxalidées constituent une famille qui tire son nom du genre *Oxalis* qui est le plus important, puisqu'il comprend à lui seul plus de 220 espèces, répandues sur toute la surface du globe, mais abondantes surtout dans le sud de l'Afrique, à Madagascar, dans l'Amérique tropicale et subtropicale.

Ce sont habituellement des plantes herbacées, annuelles ou vivaces, acaules ou caulescentes, à rhizome rampant, bulbeux ou tubéreux, rarement sous-frutescentes (*Connaropsis*), très rarement aborescentes (*Averrhoa*). *Feuilles* alternes, pétiolées, digitées, rarement pennées, quelquefois paraissant simples par avortement des folioles latérales *Folioles* enroulées en spirale dans le jeune âge, sessiles ou rarement pétiolulées entières, souvent obcordiformes, généralement dormantes. Stipules nuls. Elles sont souvent munies de poils simples. Les *Fleurs* sont régulières, hermaphrodites, quelquefois dimorphes, les unes complètes, les autres minimes (cléistogames), apétales, à pédoncules axillaires ou radicaux, très variées de couleur, isolées ou réunies en ombelles, en grappes, en panicules ou en cymes. La formule générale de la fleur est F=5S+5P+5E+5E'+(5C).

Le *Calice* est formé de cinq sépales égaux, persistants, quelquefois un peu soudés par leur base, à préfloraison imbriquée.

La *Corolle* est dialypétale à cinq pétales réguliers insérés sur le réceptacle, alternes avec les sépales et plus longs, égaux, obtus, courtement onguiculés, libres, ou quelquefois un peu unis entre eux à leur base, à préfloraison tordue, tombants.

Etamines. Elles sont au nombre de dix, insérées sur le réceptacle, souvent monadelphes par leur base, dont cinq alternes, plus courtes, opposées aux pétales, fertiles ou quelquefois privées d'anthères (*Averrhoa*). Filets fins, ou subulés aplatis. Anthères introrses biloculaires, ovoïdes ou elliptiques, dorsifixes à déhiscence longitudinale.

Pistil composé de cinq carpelles unis entre eux par toute leur longueur, portant chacun un style filiforme; styles libres courtement soudés ensemble à leur base, persistants, terminés par un stigmate simple capité ou quelquefois bifide ou lacinié; ovaire à cinq loges opposées aux pétales. Ovules pendants à l'angle central des loges, solitaires ou nombreux, anatropes.

Fruit généralement capsulaire, cylindrique, ovoïde, ou subglobuleux, à cinq loges s'ouvrant longitudinalement par le dos, à valves ne se séparant pas de la columelle placentifère, rarement baccien, oblong à cinq sillons (*Averrhoa*).

Graines pendantes, ordinairement revêtues d'un épiderme charnu arilliforme, se détachant élastiquement, testa crustacé. Albumen charnu abondant. *Embryon* axile, droit ou subarqué; cotylédons elliptiques; radicule courte, supère.

Affinités. — Les Oxalidées se rapprochent des Géraniacées par des affinités tellement étroites que Bentham et Hooker les ont réunies avec les Balsaminées, les Lymnanthées et les Tropeolées en une même famille.

Les Géraniacées se relient aux Oxalidées par l'hypopétalie, la diplostémonie, l'inflorescence axillaire et le fruit capsulaire ou baccien; elles en diffèrent par leurs feuilles alternes, stipulées, ordinairement palminerviées, leurs fleurs irrégulières. Les Balsaminées se rapprochent des Oxalidées par leur tige herbacée, leurs feuilles non stipulées, leur capsule s'ouvrant avec élasticité. Elles s'en éloignent par leurs fleurs axillaires constamment irrégulières, leurs étamines soudées par leurs anthères, leurs ovules redressés et leur embryon homotrope sans endosperme.

Les Linacées ont, comme les Oxalidées, leurs feuilles non stipulées, leur fleur régulière, leur fruit capsulaire; elles s'en séparent par leur albumen qui est presque nul, leur androcée composé de cinq étamines fertiles et cinq staminodes opposés aux pétales, et par leurs filets dilatés et monadelphes à la base, enfin, leur ovaire non lobé, leurs stigmates terminaux capités.

Les Zygophyllées se relient aux Oxalidées par l'hypopétalie, la diplostemonie, l'ovaire pluriloculaire, les ovules pendants superposés anatropes, le fruit capsulaire ou baccien, la tige herbacée ou ligneuse, les feuilles composées et l'inflorescence axillaire; mais chez les Zygophyllées, les pétales sont souvent imbriqués, le style est simple, la graine parfois privée d'albumen; enfin, les feuilles sont opposées et stipulées.

Les Rutacées offrent aussi quelques affinités avec les Oxalidées; dans ces deux familles, le calice est à cinq divisions imbriquées, la fleur polypétale hypogyne diplostémone, l'ovaire lobé pluriloculaire, les ovules pendants anatropes, le fruit capsulaire, la graine pourvue d'albumen charnu, les feuilles alternes non stipulées; mais chez les Rutacées, les pétales sont imbriqués, l'ovaire est muni à sa base d'un disque glandulaire très développé, l'embryon est arqué; la plante est odorante et ses feuilles sont très souvent marquées de points translucides. Les Oxalidées offrent quelques rapports éloignés avec les Droseracées par leurs feuilles roulées en spirales dans le jeune âge, par l'hypopétalie, les fleurs diplostémones (*Dionœa* et *Drosophyllum*), les ovules pendants anatropes, le fruit capsulaire, la graine albuminée et l'embryon axile.

Enfin, on a constaté une certaine analogie entre les Oxalidées et les Mimosées.

Classification. — Diverses classifications ont été proposées : la première en date serait celle de Jacquin (1794), dans laquelle l'*Oxalis acetosella* est placée dans les pédoncules uniflores à stipe et feuille ternée. De Candolle (1824), à l'exemple de Loiseleur des Longchamps et Marquis, a proposé de faire de l'*Oxalis* le type de la famille des Oxalidées qu'il a divisée en onze groupes, parmi lesquels le neuvième, celui des Acetosellées, renferme l'*Oxalis acetosella.* Dans la classification de De Progel, qui comprend six sections, elle occupe la deuxième section, celle des Trifoliastrées. Reicke, en 1894, a divisé les Oxalidées en sept genres qu'il a classés d'après la nature du fruit, la forme, le nombre et la disposition des pièces florales, de la façon suivante :

Fruit capsulaire	*a*.				*Eichleria.*
	b	10 étamines	valves de déhiscence rattachées à l'axe central		*Oxalis.*
			valves de déhiscence étendues en étoile		*Biophytum.*
		15 étamines			*Hypseocharis*
Fruit bacciforme		Préfloraison	spiralée		*Averrhoa.*
			imbriquée.	2 semences dans chaque loge	*Connaropsis.*
				1 semence dans chaque loge	*Dapania.*

Chauvel, en 1903, propose un essai de classification en tenant compte de la structure anatomique, de la présence ou de l'absence d'organes particuliers, et des caractères morphologiques extérieurs. C'est ainsi qu'il partage les *Oxalis* en deux grandes divisions : 1° celles à tige ; 2° celles acaules (sans tiges). Les premières sont subdivisées suivant l'existence d'une tige herbacée et d'une tige ligneuse. Les secondes en Rhizomateuses et Bulbeuses, et c'est dans ces dernières que se trouve classée l'*Oxalis acetosella*, avec la diagnose suivante : « Bulbes imparfaits, écailles non emboîtées, superposées en épis le long d'un axe prolongé. Pas de macachins. Pas d'organes sécréteurs ».

Propriétés et Usages. — Les *Oxalis* exotiques fournissent des feuilles et des tubercules comestibles. L'*Oxalis cœculea* a ses fleurs bleues, d'après Person-Christ ; ses feuilles sont rafraîchissantes et en même temps diurétiques. On peut les manger crues comme celles de l'oseille. Dans certaines contrées, on en fait des salades. Le sel d'oseille y abonde tellement qu'en frottant le linge blanc maculé d'encre, ces feuilles font disparaître la tache. Elles avivent sur le bois peint les couleurs ternies, et lui rendent leur fraîcheur primitive. Ces feuilles sont reconnues comme étant les plus riches en sel d'oseille. L'*Oxalis cordata*, originaire du Mexique, et l'*Oxalis Pes caprae* L. (O. *anthelminthica* (Rich.) qui aborde en Abyssinie et y est connue sous le nom de *Tschookk*, sont toutes deux employées en médecine comme tonique dans les affections fébriles.

L'*Oxalis minima*, très riche en sel d'oseille, est employée dans la médecine chinoise comme plante antiscorbutique. L'*Oxalis dodecandra*, qui a 12 étamines, croît au Pérou et ses feuilles sont employées par les habitants du pays contre les fièvres muqueuses de mauvaise nature.

L'*Oxalis tetraphylla* L., qui croît au Mexique ainsi que l'*Oxalis esculenta*, dont les feuilles peuvent remplacer l'oseille, donnent à l'alimentation leurs tiges souterraines, renflées comme les tubercules de la pomme de terre et que l'on désigne sous le nom de macachins. Au Pérou, on utilise de la même façon les tiges des *Oxalis Deppei* (LODD) et *Crassicaulis* (ZUC.). Au Chili, on mange aussi les tubercules de l'*Oxalis crenata* (JACQUIN), *O. carnosa* (MOLINA), *O. tuberosa* (MOLINA). Des feuilles, on retire du sel d'oseille en assez grande quantité. Les feuilles et les racines sont cuites ensemble pour l'alimentation. Les *O. racemosa* (LAMARCK), *O. rosacea* (JACQUIN), qui croissent au Chili, sont utilisées toutes deux dans la teinture.

L'*Oxalis sensitiva* L. (g. *Biophytum*) s'emploie dans l'Inde sous forme d'infusion édulcorée avec du miel, contre l'asthme et la phtisie. Le suc des feuilles est considéré comme alexitère contre la morsure des serpents et des scorpions. Les prêtres, grâce à la mobilité de son feuillage, abusent de la crédulité des Indiens, pour leur faire ajouter foi aux enchantements.

Les *Averrhoa* (Caramboliers) ont des fruits charnus et riches en suc acide, utilisés aux Indes comme aliments; on les mange crus ou confits au sucre, au vinaigre; on les emploie aussi comme rafraîchissants dans les maladies fébriles et comme antiscorbutiques.

CHAPITRE III

DESCRIPTION DE LA PLANTE
MORPHOLOGIE. — HISTOLOGIE

Oxalis Acetosella L.

Grec. — Οξυτριφυλλον Οξαλις Οξυς.

Latin. — Oxytriphyllum. Lujula sive Alleluia officinarum. Trifolium acetosum vulgare. Trifolium acetum. Oxys flore albo. Oxys Pliniana. Acetosella. Alleluia. Acetosa sylvestris. Oxalis acetosella. Oxalis minima. Panis cuculi.

Français. — Alleluia. Herbe de bœuf. Herbe de Pâques. Oseille à trois feuilles. Oseille des bois. Oseille de bûcheron. Oseille des prés. Oseillette. Oxalide. Oxalide blanche. Oxalide des bois. Pain de coucou. Pain de cocu. Petite oseille. Surelle acide. Surelle aigre. Surelle commune. Surette. Trèfle aigre.

Anglais. — Wood sorrel.

Allemand. — Busch sauerampfer. Sauerklee.

Arabe. — Bachaelb.

Italien. — Alleluja. Trifoliglio acetoso.

Espagnol. — Alleluja. Acederilla.

Portugais. — Azedinha. Trewaazedo.

Hollandais. — Zuurklaver.
Danois. — Skovsyer. Giogeurt. Stuurklover.
Suédois. — Goekmat Harsyra.
Polonais. — Szczawik.
Russe. — Saïtschaitschawel.
Flamand. — Klaverzuring.

I. — Caractères généraux de l'*Oxalis acetosella.*

L'*Oxalis acetosella* ou Surelle est une petite plante herbacée, vivace à l'aide d'organes végétatifs souterrains représentés par des racines minces, filiformes, prenant naissance sur un rhizome ou tige souterraine lequel forme un axe portant des écailles alternant les unes avec les autres.

Les organes végétatifs aériens comprennent des feuilles longuement pétiolées s'élevant du sol en une touffe au milieu de laquelle se dresse la hampe florale généralement plus longue que les pétioles, portant vers les deux tiers de sa hauteur une bractée et se terminant par une seule fleur.

Les feuilles, d'un vert clair, parsemées de poils fins et blanchâtres, sont divisées en trois folioles ayant chacune la forme caractéristique d'un cœur avec une échancrure terminale peu profonde. Les feuilles sont douées de mouvements nyctitropiques, et il est facile de voir, à différentes heures de la journée, les diverses positions de veille et de sommeil.

La Surelle est polymorphe, c'est-à-dire qu'elle présente deux sortes de fleurs. Les premières, les fleurs ordinaires, s'épanouissent régulièrement, et leurs pétales blancs sont très visibles, non soudés; ces fleurs sont appelées chasmogames, par opposition aux secondes qui portent le nom de fleurs cléistogames. Ces dernières sont closes, plus petites, gardant l'apparence de boutons dont les pétales blancs, membraneux, soudés, forment une sorte de capuchon caduc, rerecouvrant les étamines et le pistil. Ces fleurs produisent des fruits capsulaires, bien conformés, contenant des graines qui s'enfoncent dans le sol et y parviennent à maturité.

Ces fleurs cléistogames se développent après les fleurs vernales et voici ce qu'en dit E. MICHALET : « A ces fleurs vernales en succèdent d'autres vérita- » blement microscopiques, grosses comme une tête » d'épingle, souvent hypogées, à pédoncule très court, » et toujours courbées en crochet, à pétales inclus, » se développant enfin dans de tout autres condi- » tions. Elles naissent au même point du rhizome, » mais non simultanément et se continuent jusqu'en » été et même en automne. La dissection aussi atten- » tive que possible de ces petites fleurs m'a révélé » les faits suivants : Les sépales recouvrent d'abord » hermétiquement les organes de la fécondation. » Ils s'accroissent ensuite de plus du double, et » cependant, ils n'atteignent guère que la moitié » de la capsule qui a pris alors un développement » énorme, eu égard à la petitesse de l'ovaire ».

» Les pétales, d'ordinaire au nombre de cinq, sont » un peu plus courts que les sépales; il est rare qu'ils » manquent tous à la fois. — L'androcée se compose

» de 10 étamines normales, dont 5 plus grandes sont » insérées sur un disque étroit qu'entoure comme un » anneau la base de l'ovaire. Les anthères des petites » étamines paraissent infertiles, ou même avortent » tout à fait. Les 5 étamines fertiles sont inclinées » sur les stigmates et comme liées avec eux par de » petits filaments très déliés ».

Ces petits filaments très déliés ne seraient autre chose que les tubes polliniques. La fécondation se fait comme pour les fleurs ordinaires et même plus aisément, la fleur étant fermée et les étamines étant posées sur les stigmates. Il en résulte une capsule plus petite que celle produite par la fleur vernale, et contenant généralement dix graines placées sur deux rangées et se disséminant comme celles des capsules vernales.

Fruit et graine. — Lorsque les fleurs sont passées, il apparaît un fruit membraneux, capsule sèche pentagonale, ayant, comme dit LEMERY, « une figure approchant de celle d'une lanterne divisée en cinq loges ». La déhiscence est loculicide et élastique, ce qui a fait écrire par MATTHŒUS SYLVATICUS que les graines s'envolent. La graine est petite, plan convexe, oblongue, rouge brun, luisante, ayant environ deux millimètres de longueur, un millimètre de largeur et un demi-millimètre d'épaisseur et présente cinq côtes saillantes plissées longitudinalement. La région externe du tégument de la graine, qui, à l'état frais, est charnue, d'un blanc nacré, se décolle et se recroqueville souvent en prenant une teinte grisâtre. C'est cette lame qui avait fait croire à bon nombre d'observateurs à l'existence d'une arillode ou arille. La graine renferme un albumen abondant et un embryon droit.

II. — Etude particulière des divers organes de l'*Oxalis acetosella*.

Nous n'avons trouvé nulle part d'étude histologique de l'*Oxalis acetosella*. Tout ce qui suit doit donc être considéré comme le résultat de notre observation personnelle.

Nous envisagerons successivement les divers organes de la plante dans l'ordre suivant :

1° La racine.
2° Le rhizome ou tige.
3° Les écailles du rhizome.
4° Le pétiole.
5° Le limbe.
6° La hampe florale et la fleur.
7° Le fruit et la graine.

1° La Racine. — Les racines de l'*Oxalis acetosella* sont nombreuses et grêles; elles naissent sur le rhizome qui représente la tige souterraine de la plante et sont groupées principalement vers l'extrémité de cet organe. Il existe toutefois des racines qui émanent du rhizome en des points situés un peu sur toute la longueur de celui-ci. Ces racines ont la valeur de véritables racines adventives.

Les racines sont très grêles (en général, à peine un demi-millimètre de diamètre), abondamment ramifiées sur leur longueur qui peut atteindre six à sept centimètres. Les radicelles, ainsi que l'a démontré Clos, professeur de Botanique à la Faculté des Sciences de Toulouse (en 1888), sont disposées en séries longitudinales, au nombre de quatre. Ce caractère de disposition des radicelles est commun aux divers *Oxalis* : La rhizotaxie est ici du type 4.

Structure microscopique. — Si l'on étudie une racine bien développée, on constate que la section transversale comprend deux zones d'importance très inégale (fig. 1). Nous avons trouvé :

a) D'abord une zone externe, mince, brunâtre, constituée visbilement par des cellules absolument écrasées les unes contre les autres et constituant une couche presque anhiste. Il nous a été impossible de reconnaître dans cette couche les divisions classiques en liège externe, tissu fondamental, liège interne des auteurs : elle les représente vraisemblablement toutes.

b) Une portion interne de beaucoup plus importante qui forme la partie centrale libéro-ligneuse de la racine, et limitée à sa périphérie par l'endoderme. Celui-ci est constitué par deux assises superposées, provenant évidemment d'un cloisonnement tangentiel de l'endoderme primitif et formé de cellules plus ou moins carrées, épaissies sur tout leur pourtour, mais infiniment plus sur leurs faces latérales. Le péricycle des auteurs est impossible à discerner.

La partie libéro-ligneuse du cylindre central (faisceau multipolaire de M. le professeur BERTRAND), est constitué en général, dans les coupes transversales,

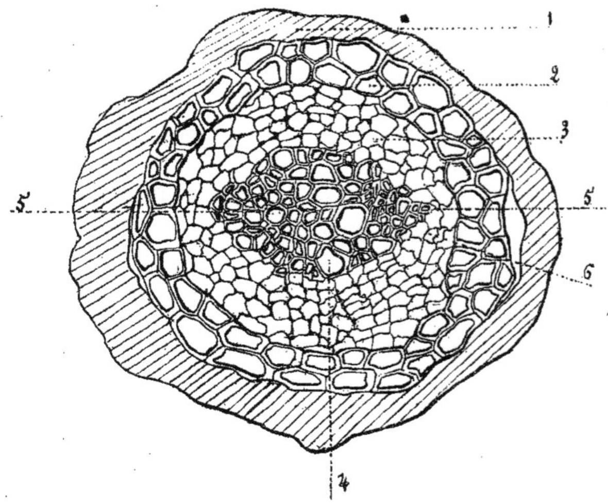

Fig. 1. — Racine d'*oxalis*. — 1, Tissus corticaux écrasés et réduits en une gaine brunâtre ; 2, Gaine mécanique (endoderme) à double assise; 3, Liber; 4, Faisceau bipolaire : masse ligneuse losangique; 5, Pointements ligneux primaires ; 6, Éléments indifférenciés (fibres primitives). Obj. 6., Oc. 4. Reichert.

par une lame ligneuse entourée de chaque côté par un liber assez développé. Le bois est représenté par quelques trachées et un petit nombre de vaisseaux de calibre très restreint. Il nous a paru très malaisé de reconnaître dans la racine un peu âgée les pointements ligneux primaires. Toutefois, il semble bien que l'on ait affaire ici à un faisceau ligneux bipolaire (hypothèse en accord avec le faible calibre de la racine). Le développement centripète des deux lames ligneuses a donné naissance, dans la majorité, des cas à une lame de bois plus ou moins losangique, dans laquelle les éléments vasculaires les plus développés occupent la petite diagonale du losange. Il n'existe pas ici, par conséquent, de tissu central indifférencié (moelle ou tissu fondamental central, fibres primitives de M. BERTRAND). On voit qu'en somme il s'agit d'une structure primaire fort simple, le faible diamètre de l'organe excluant la formation de bois et de liber secondaires et que la racine, tout au moins lorsqu'elle a un certain âge, se réduit à sa région vasculaire, engainée seulement, en dehors d'un endoderme à double assise, par les tissus corticaux écrasés.

2° LE RHIZOME. — Il n'est autre que la tige souterraine de l'*Oxalis* qui a pris le rôle d'organe de réserve, et qui rampe ou s'étale horizontalement sous le sol : ce rhizome est un organe de formation secondaire et résulte de l'accroissement d'une portion souterraine de l'axe caulinaire primitif. Somme toute, le rhizome de l'*Oxalis* n'est qu'un bulbe étiré dans le sens de sa longueur. Cette interprétation est rendue plus vraisemblable encore, si l'on considère les écailles qui le recouvrent dans toute sa longueur et qui correspondent bien aux squames de l'oignon, avec cette différence qu'elles ne s'imbriquent pas les unes sur les autres, mais restent indépendantes; d'où l'aspect d'un épi, plus ou moins réalisé par le rhizome.

Ce rhizome est un organe cylindrique, d'apparence charnue (due à la présence des écailles), de trois à six millimètres de diamètre sur six à huit centimètres de longueur. Les écailles qui le recouvrent sont vaguement pyramidales, épaisses et paraissent opposées à un examen superficiel. Nous avons constaté qu'en réalité elles sont séparées par un angle de 135° environ. Disons de suite, en nous réservant de revenir plus longuement sur ce point, que les écailles ne sont autres que la partie basilaire des pétioles des feuilles anciennes disparues : A l'extrémité du rhizome se groupent en un bourgeon terminal les pétioles des feuilles actuellement vivantes et la hampe florale. Nous avons parlé plus haut de l'origine des racines sur le rhizome, nous n'y reviendrons pas ici.

Structure microscopique. — Nous l'avons étudiée d'abord dans une région dépourvue d'écailles et, par suite, de sorties de faisceaux, puis dans une région où le rhizome est recouvert par les écailles ou par les insertions foliaires, pour examiner de plus près le mode d'émission des faisceaux foliaires ou des faisceaux de l'écaille.

1° Structure du rhizome dans les points dépourvus d'insertions foliaires.

a) Structure primaire. — Elle doit être d'une durée très éphémère, et nous n'avons pu l'étudier, n'ayant pas eu sous la main d'échantillons assez jeunes.

b) Structure secondaire. — Le rhizome prend très rapidement un accroissement secondaire qui amène le bois et le liber à l'état de couronne complète dans laquelle il devient impossible de reconnaître les faisceaux primitifs. Le nombre de ceux-ci échappe donc

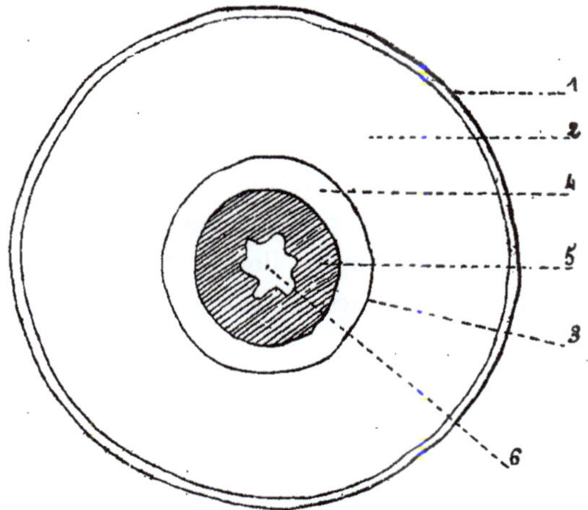

Fig. 2. — Ensemble de la coupe transversale du rhizome d'*Oxalis*. Structure secondaire, montrant la condensation des masses libéro-ligneuses vers le centre de l'axe et la réduction très grande du tissus fondamental interne. 1, Epiderme ; 2, Tissu fondamental externe ; 3, Gaine mécanique ; 4, Liber secondaire ; 5, Anneau de bois secondaire ; 6, Tissu fondamental interne. Obj. 3, Ocul. 1, Reichert.

à l'observateur qui étudie la structure secondaire du rhizome.

Nous avons distingué, en allant de l'extérieur vers l'intérieur (fig. 2) ;

a) Un épiderme, sans cuticule bien développée (nous rappelons qu'il s'agit d'un organe souterrain), avec plissements des parois latérales des cellules épidermiques.

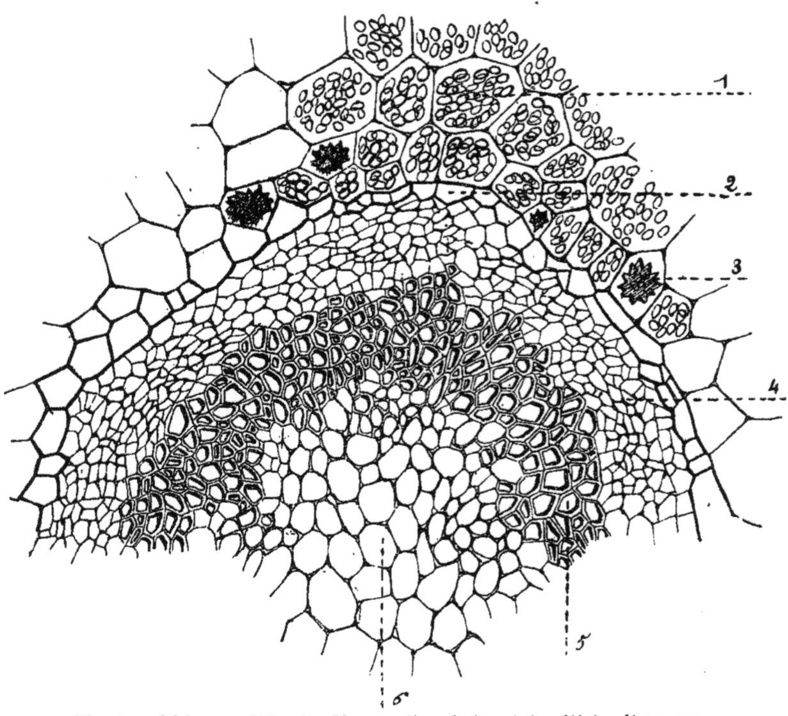

Fig. 3.— Rhizome d'*Oxalis*. Une portion de la région libéro-ligneuse. 1, tissus fondamental externe, bourré d'amidon ; 2, gaine mécanique ; 3, cellule oxaligène ; 4, anneau libérien secondaire ; 5, anneau ligneux secondaire (vaisseaux et parenchyme ligneux) ; 6, tissu fondamental interne, recloisonné Obj. 6, Oc. 4 Reichert.

b) Au-dessous de l'épiderme, un tissu fondamental amylifère à parois minces et criblé de pores de communication intercellulaires. Dans sa portion la plus interne, il présente de grandes cellules renfermant de volumineuses mâcles d'oxalate de calcium. Nous reviendrons plus loin sur ce produit de sécrétion de l'*Oxalis*. Les cellules à oxalate ne contiennent pas d'amidon.

c) Une gaine mécanique unistratifiée.

d) Un anneau complet et assez large de tissu libérien, ne présentant rien de particulier à signaler.

e) Une couronne de bois secondaire à disposition radiée, mais dont les vaisseaux restent toujours de calibre restreint. Le nombre des faisceaux primaires est indiscernable à ce stade.

f) Au centre du rhizome, nous trouvons enfin un tissu à parois minces (moelle des auteurs), constitué par du tissu fondamental recloisonné (fig. 3).

2° STRUCTURE DU RHIZOME AU NIVEAU DE L'INSERTION DES ÉCAILLES OU DES PÉTIOLES FOLIAIRES. — La structure est la même que ci-dessus. Le point qui doit seul attirer notre attention est le mode de sortie des faisceaux foliaires, ou ce qui revient au même, des faisceaux de l'écaille. Disons de suite, en anticipant un peu sur la description de l'écaille, que celle-ci, dont la section transversale a la forme d'un triangle curviligne ou d'un croissant, présente trois faisceaux, l'un de beaucoup plus important, le médian, occupant sensiblement le centre de la section; les deux autres peu développés, situés aux deux angles de la base du triangle.

Grâce à une série de coupes du rhizome, nous avons pu constater les faits suivants (fig. 4) : Le faisceau central F_1C, se différencie plus rapidement aux dépens de la couronne libéro-ligneuse que les faisceaux latéraux;

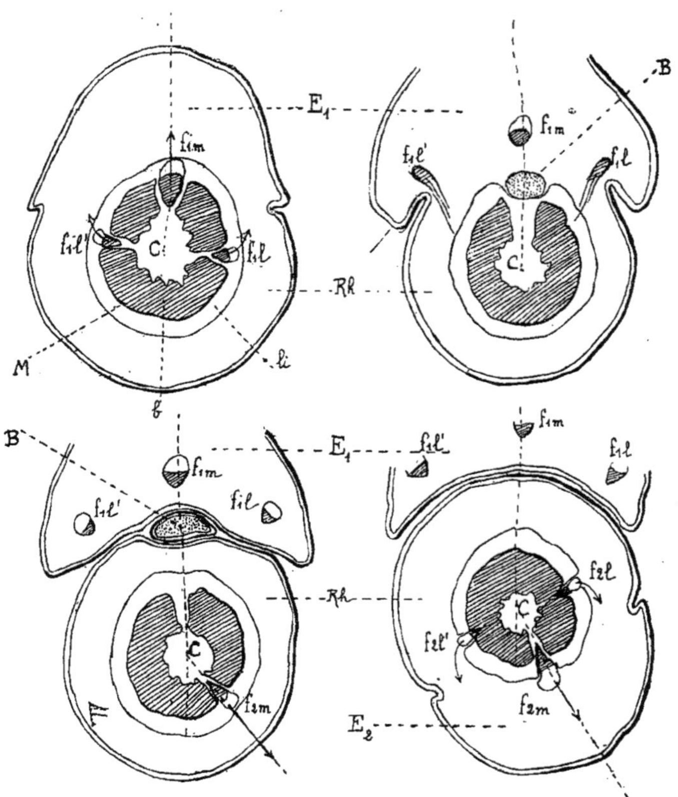

Fig. 4. — Schéma de la sortie des faisceaux foliaires (ou écailleux) dans le rhizome ; E_1, E_2, deux écailles ou pétioles successifs ; f_1 m, faisceaux médians ; f_1 l, f_1 l', faisceaux latéraux de E_1 ; f_2 m, f_2 l, f_2 l', faisceaux homologues de E_2 ; M, Masse libéro-ligneuse du rhizome ; B, bois ; li, liber ; Rh, rhizome, avec, en C, son centre de figure ; B, bourgeon axillaire.

toutefois, il se dégage moins vite que ces derniers

de la masse libéro-ligneuse du rhizome. Les faisceaux latéraux se différencient respectivement à environ 90° du faisceau central. Leur sortie s'effectue très rapidement et n'amène qu'une interruption tout à fait momentanée de la couronne libéro-ligneuse. Au contraire, la sortie du faisceau central entraîne une solution de continuité de cette couronne qui se prolonge jusqu'à l'apparition du faisceau central de l'écaille suivante.

Le faisceau F_2C naît régulièrement à environ 135° de F_1C. Les faisceaux latéraux de l'écaille correspondante naissent à 90° environ de F_2C, et se jettent très rapidement dans les régions latérales de l'écaille, et ainsi de suite.

Lorsqu'il existe une sortie de racine adventive, celle-ci tire son faisceau d'un point de la couronne libéro-ligneuse situé lui aussi à environ 135° du point d'origine du faisceau central de l'écaille. Il semble que, dans ce cas, la racine tienne la place d'une écaille.

L'étude attentive de la sortie du faisceau central de l'écaille nous a révélé un détail particulier : Après s'être séparé de la couronne libéro-ligneuse, le faisceau central de l'écaille donne naissance à sa partie supéro-interne (le rhizome étant tenu verticalement) à une ramification constituée par une masse de fibres primitives et quelques rares trachées. L'examen des coupes en série nous a permis de reconnaître que cette masse dont l'existence est tout à fait éphémère, se termine dans un renflement ayant l'aspect d'un bourgeon très court, et occupant l'aisselle de l'écaille. Dans la partie très courte, où il est libre, et interposé entre le rhizome et l'écaille, ce bourgeon est limité par une couche épidermique faiblement cutinisée. Ce bourgeon est l'homologue des bourgeons axillaires des feuilles de nombreux végétaux, nous ne pensons pas qu'il joue jamais aucun rôle et qu'il arrive jamais à un plus complet développement. On le retrouve avec les mêmes caractères à l'aisselle des pétioles foliaires.

Nous tenons à faire remarquer ici que quelques caractères de la structure histologique du rhizome pourraient être invoqués comme le résultat d'un certain degré de dégradation; c'est ainsi que la condensation des masses libéro-ligneuses au voisinage du centre de l'axe, et le peu de développement du tissu fondamental interne (moelle des auteurs), peuvent être regardés comme marquant un début de simplification de structure dont l'origine serait dans les conditions particulières de vie souterraine de l'axe caulinaire, et dans sa transformation en une sorte de bulbe bourré de substances nutritives. Les stigmates de cette dégradation relative ne portent pas seulement sur le rhizome, mais sur tous les organes de la plante : nous retrouverons en étudiant le pétiole, la condensation des faisceaux, unie au faible développement des éléments ligneux et à leur dissémination au milieu des éléments indifférenciés abondants. Les caractères se retrouvent dans la hampe florale et dans les faisceaux du limbe. Nous rappelons en passant la gracilité du faisceau de la racine et le petit nombre des éléments ligneux qu'elle renferme. Ce sont là autant de faits qui justifient jusqu'à un certain point le classement de l'*Oxalis* parmi les végétaux à structure dégradée.

3° L'Écaille. — L'écaille est constituée par un bourgeon blanc rosé, d'une forme se rapprochant de celle d'une pyramide triangulaire, dont la section transversale a l'aspect d'un triangle curviligne ou d'un croissant. Cette écaille n'est autre que la région d'insertion et la portion la plus basilaire des pétioles foliaires et de la hampe florale. A un moment donné, un tissu séparateur se forme à deux ou trois millimètres de l'insertion du pétiole, et celui-ci tombe en laissant une cicatrice qui n'est autre que la pointe de l'écaille. Cette portion basilaire persistante des pétioles foliaires disparus, qui constitue l'écaille, est dévolue peut-être à un rôle de protection pour le rhizome, mais à coup sûr à un rôle de réservoir de substances nutritives (amidon, sucres).

Structure microscopique. — Elles est la même que celle de la base des pétioles foliaires. Nous avons trouvé successivement de l'extérieur vers l'intérieur (fig. 4) :

a) Un épiderme à petites cellules cubiques ou rectangulaires, recouvert par une cuticule peu épaisse et portant des poils et des stomates.

b) Un parenchyme cortical, ou tissu fondamental formé par des cellules à parois minces, il comprend lui-même deux zones bien distinctes : une zone externe à cellules relativement petites, peu riches en amidon; une zone interne à cellules plus grandes littéralement bourrées de grains amylacés.

c) Trois faisceaux libéro-ligneux dont un central plus important et deux latéraux, et qui sont ceux dont nous avons étudié la sortie précédemment.

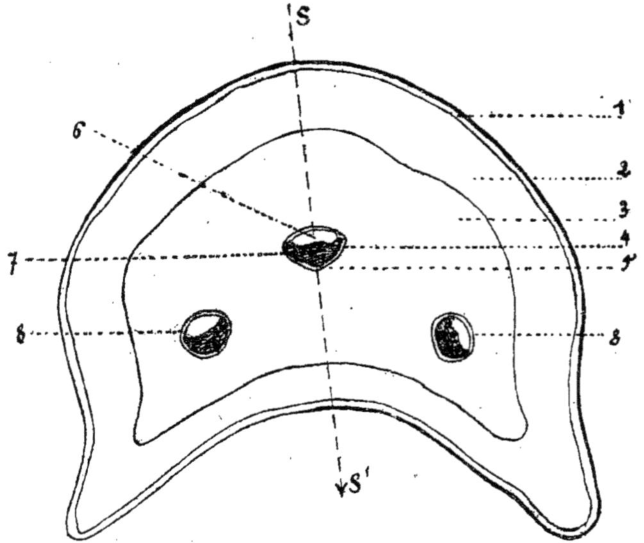

Fig 5. — Ensemble de la coupe de l'écaille. 1, épiderme; 2, tissu fondamental sans amidon; 3, tissu fondamental à amidon; 4, gaine mécanique du faisceau médian; 5, pointement ligneux; 6, liber; 7, bois primaire; 8. 8', faisceaux latéraux; SS', plan de symétrie de l'écaille. Obj. 3, Oc. 1, Reichert.

Chacun de ces faisceaux comprend une gaine à cellules légèrement sclérifiées, une masse de liber et un îlot de fibres primitives comprenant un petit nombre de trachées très disséminées. Bien que le bois soit souvent très dissocié, il s'agit indubitablement de faisceaux unipolaires à pointements ligneux dirigés vers le centre de figure du rhizome. Entre le bois et le petit massif libérien, il existe une ébauche de zone cambiale (fig. 6).

Vers la partie la plus supérieure de l'écaille, les trois faisceaux convergent et se confondent en une seule masse qui s'arrête bientôt au voisinage de la cicatrice de chute du pétiole.

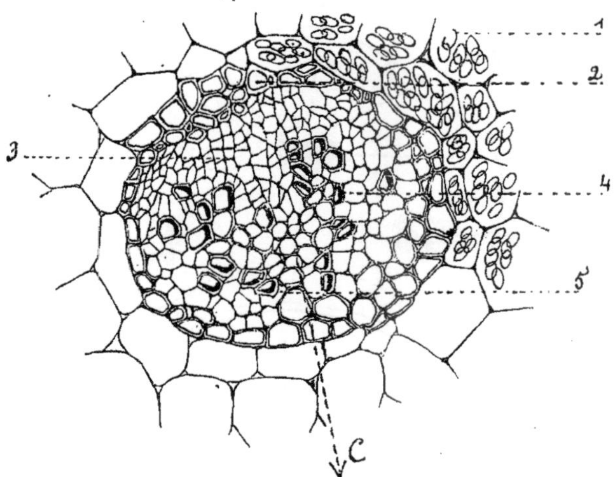

Fig. 6. — Détail d'un des faisceaux latéraux de l'écaille. 1, tissu fondamental à amidon; 2, gaine mécanique; 3, liber primaire; 4, éléments ligneux disséminés au milieu des fibres primitives; 5, pointement ligneux. C, centre de figure du rhizome. Obj. 6, Ocul. 2, Reichert.

4° LA FEUILLE :

a) Le Pétiole. — Le diamètre du pétiole dépasse légèrement un millimètre; sa longueur peut atteindre dix centimètres; sa couleur est verte, rougeâtre à la base. Cylindrique, il porte un sillon longitudinal et s'insère sur le rhizome par une portion renflée qui constituera plus tard une écaille. Le pétiole est pubescent.

Structure microscopique. — Nous avons trouvé en coupe transversale (fig. 7) :

a) Un épiderme à petites cellules rectangulaires avec cuticule peu épaisse et poils tecteurs.

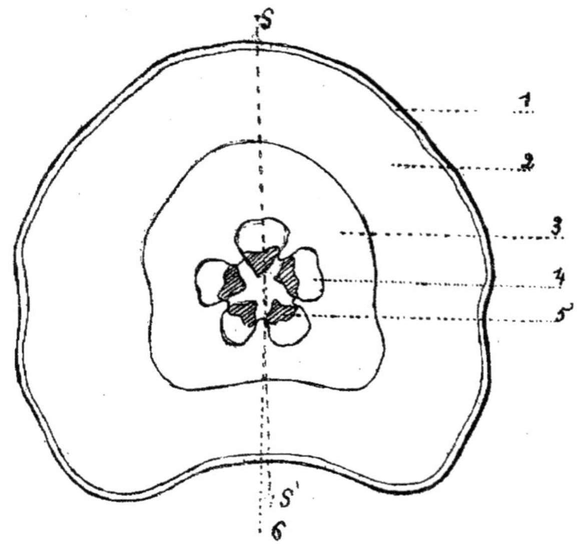

Fig. 7. — Ensemble du pétiole vers sa partie moyenne. 1, Epiderme ; 2, Tissu fondamental à grandes cellules ; 3, Tissu fondamental à petites cellules et amidon ; 4, Liber primaire ; 5, Bois primaire ; 6, Tissu fondamental recloisonné intérieur aux faisceaux unipolaires. S. S', surface de symétrie du pétiole. Obj. 3, Oc. 2, Reichert.

b) Un tissu fondamental comprenant à la périphérie une assise collenchymateuse unique et vers l'intérieur une zone large de cellules polygonales à parois minces, diminuant de grandeur à mesure qu'elles se rapprochent des faisceaux et renfermant, surtout vers la région centrale, un amidon très abondant.

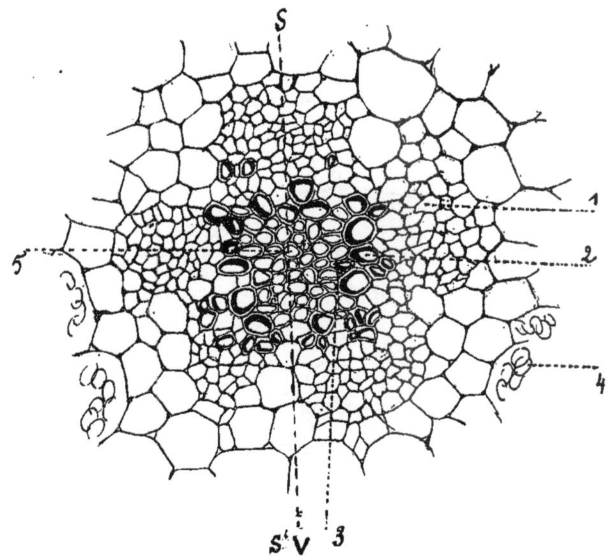

Fig. 8. — Les cinq faisceaux unipolaires du pétiole vers sa partie moyenne : 1, Liber primaire d'un faisceau unipolaire ; 2, Bois primaire ; 3, Pointement ligneux ; 4, Tissu fondamental externe à amidon ; 5, Tissu fondamental interne recloisonné ; S S', surface de symétrie du pétiole. Obj. 6, Ocul. 2, Reichert.

c) Les faisceaux sont au nombre de cinq, ovales, d'importance inégale, mais symétriquement disposés par rapport au plan unique de symétrie du pétiole. Ce sont des faisceaux unipolaires, à bois peu développé, réduit à quelques trachées et vaisseaux disséminés au milieu d'éléments indifférenciés, le pointement ligneux étant tourné vers le centre de figure du rhizome (fig. 8).

d) Un tissu fondamental intérieur par rapport aux faisceaux et recloisonné.

L'oxalate de calcium est répandu surtout au voisinage des faisceaux libéro-ligneux. L'amidon est abondant dans le tissu fondamental extérieur aux faisceaux.

Coussinets. — On désigne sous ce nom trois légers renflements situés au point de jonction du pétiole et des trois folioles du limbe, et dans lesquels les divers physiologistes qui ont étudié les phénomènes de nyctitropisme ont placé le siège des mouvements spontanés. Nous aurons à revenir sur le rôle de ces organes dans le chapitre consacré à la physiologie. Au point de vue histologique, le seul qui nous occupe ici, la structure des coussinets (renflements moteurs, *pulvini* des auteurs) est fort simple et paraît peu capable de retenir l'attention. Ces coussinets sont constitués simplement par un massif de très petites cellules, que l'on peut considérer soit comme le résultat d'un arrêt de développement d'un tissu fondamental, soit comme le résultat du recloisonnement de celui-ci. Ces petites cellules se présentent dans les coupes longitudinales du coussinet, allongées perpendiculairement par rapport aux deux épidermes supérieur et inférieur. Détail qui a son importance au point de vue de la physiologie de l'organe, les cellules de la portion supérieure du renflement (celles qui sont au-dessus des faisceaux foliaires) ont leurs parois un peu plus épaisses que celles de la portion inférieure. La démarcation est très brusque entre la masse des petites cellules du coussinet, le tissu fondamental du pétiole d'une part et le tissu lacuneux du limbe d'autre part.

b) *Le limbe.*— Le limbe est cette partie aplatie de la feuille qui fait suite au pétiole, et se compose de trois folioles subcordiformes, dont chacune présente une nervure médiane, de chaque côté de laquelle partent trois nervures secondaires se dirigeant parallèlement aux bords du limbe.

Le limbe, à son apparition, se présente sous forme d'un bourgeon, puis apparaissent trois petites lames enroulées en crosse; la face supérieure des folioles est repliée sur elle-même, les trois nervures médianes étant situées l'une contre l'autre.

Le limbe, de la position verticale qu'il occupait, prend la position horizontale, et les deux moitiés de la foliole qui se touchaient s'écartent et s'étalent.

La couleur du limbe qui, dans le jeune âge, était blanchâtre, verdit peu à peu et atteint la teinte vert foncé sur la face supérieure, et vert plus pâle à la face inférieure.

Les deux faces du limbe sont recouvertes de poils fins, paraissant disposés en lignes parallèles à la nervure principale. Celle-ci se rend directement à l'échancrure de la foliole; elle est également pubescente sur ses deux faces.

Structure microscopique. — Epiderme supérieur. — Il est formé de cellules polygonales irrégulières à parois minces et sinueuses; il ne présente pas de stomates, les poils sont généralement abondants, assez longs, unicellulaires.

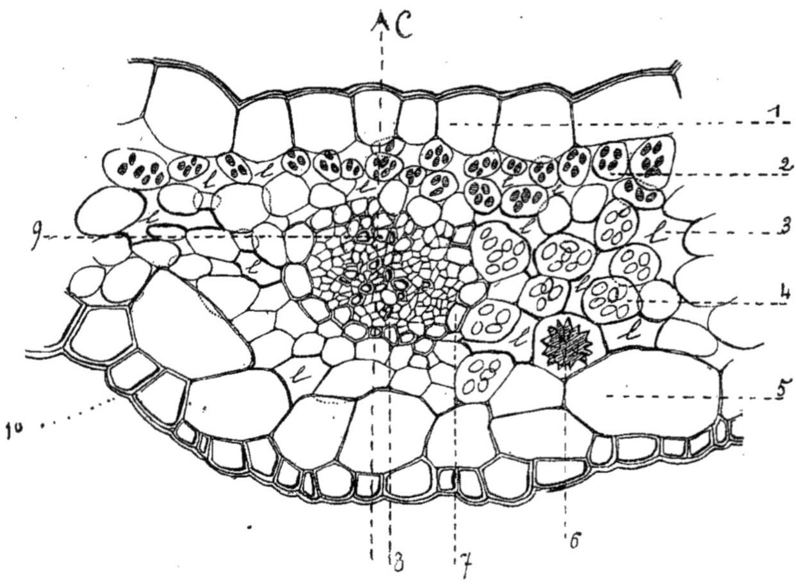

Fig. 9. — Coupe transversale du limbe d'une foliole d'oxalis, dans la région de la nervure médiane. 1, épiderme supérieur ; 2, tissu chlorophyllien à petites cellules ; 3, lacune aérifère ; 4, tissu lacuneux avec cellules à amidon ; 5, couche inférieure de grandes cellules claires ; 6, cellule oxaligène avec mâcle ; 7, gaine mécanique du faisceau unipolaire ; 8, liber primaire ; 9, région du pointement ligneux ; 10, épiderme inférieur, C, centre de figure de l'axe. Obj. 6, Ocul. 2, Reichert.

Epiderme inférieur. — Il présente des cellules analogues à celles de l'épiderme opposé, irrégulières, à contour sinueux; mais ici, il existe de nombreux stomates, de forme un peu variable, rectangulaires, ovales ou coniques, avec ostiole elliptique. Ces stomates sont petits et entourés par quatre ou cinq cellules. Les poils sont unicellulaires, allongés et prennent leur insertion au point de rencontre des cellules épidermiques.

En coupe transversale, le limbe nous à présenté successivement à étudier, en allant de sa face supérieure vers sa face inférieure (fig. 9) :

a) L'épiderme supérieur, formé de cellules rectangulaires, recouvertes d'une cuticule peu épaisse.

b) Un tissu fondamental à éléments irréguliers, riches en grains de chlorophylle.

c) Le faisceau libéro-ligneux unipolaire, dont la pointe ligneuse est dirigée vers le centre de l'axe représenté ici par le rhizome.

d) Un tissu fondamental, constitué uniquement par une assise de très volumineuses cellules à parois minces, de forme quadrangulaire.

e) Enfin, l'épiderme inférieur, avec ses cellules plus petites que celles de l'épiderme supérieur, et ses stomates.

On voit qu'il n'existe dans ce limbe aucune trace du parenchyme palissadique qui constitue en général une des formations les plus constantes de la feuille. Ce fait s'explique, si l'on réfléchit que le parenchyme en palissade manque ordinairement dans les plantes vivant dans les endroits peu éclaïrés, et que l'*Oxalis* végétant dans les sous-bois se trouve précisément dans ces conditions. Notons que nous avons constaté l'existence, dans le parenchyme du limbe foliaire, de cristaux d'oxalate de calcium groupés sous la forme de sabliers. Cet aspect assez peu commun pour ce sel, bien qu'il se rencontre éventuellement dans les dépôts urinaires, se trouve dans la feuille concurremment avec les grosses mâcles habituelles de l'oxalate de calcium.

5° Hampe florale. — Cette hampe, généralement plus longue que les pétioles, atteint 9 à 10 centimètres de longueur sur un millimètre de diamètre ou un peu plus. Vers sa partie moyenne, la hampe porte deux petites bractées, en forme de languette triangulaire, formées de cellules allongées rectangulaires, colorées fortement, pour la plupart par un pigment rouge. La signification de ces bractées peut paraître obscure chez *Oxalis acetosella*. Elle s'éclaire, si l'on considère ce qui existe, à cet endroit, chez d'autres espèces telles qu'*Oxalis stricta* de nos régions. Chez cette dernière, il existe, en effet, à la partie moyenne de la hampe, un petit bouquet de feuilles dont les bractées de l'*Oxalis acetosella* ne sont vraisemblablement qu'un vestige.

La hampe est pubescente et les poils qu'elle porte sont généralement unicellulaires, mais présentant parfois une ou deux cloisons transversales, et leur extrémité offre quelquefois un léger renflement. Comme les pétioles, la hampe prend naissance sur une portion renflée du rhizome, qui constituera une écaille et qui persistera après la chute.

Dans le cas des fleurs cléistogames, on constate

que la hampe, au lieu de s'élever verticalement, se recourbe vers le sol et arrive ainsi à prendre une direction exactement inverse.

Structure microscopique. — La section transversale de la hampe est arrondie et comprend, sur nos coupes, de l'extérieur vers l'intérieur (fig. 10) :

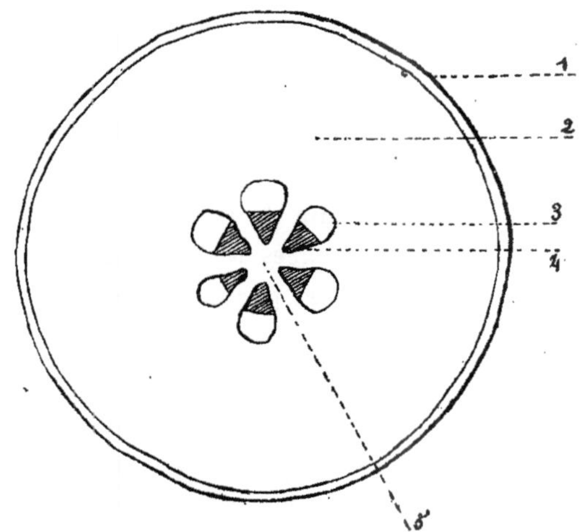

Fig. 10.— Ensemble de la coupe de la hampe florale, vers sa partie moyenne : 1, Epiderme; 2, Tissu fondamental externe ; 3, Liber primaire d'un faisceau unipolaire; 4, Bois primaire ; 5, Tissu fondamental interne par rapport aux faisceaux. Obj. 3, Ocul. 2, Reichert.

a) Un épiderme formé de cellules à parois minces et à cuticule peu épaisse. Il porte des poils tecteurs.

b) Un tissu fondamental externe, à cellules polygonales irrégulières à parois minces.

c) Les faisceaux libéro-ligneux au nombre de six, symétriquement disposés; ce sont des faisceaux unipolaires de tige; par suite, leur pointe ligneuse est tournée vers le centre de figure de la hampe. Le bois et le liber n'offrent rien de particulier à signaler.

d) Un tissu fondamental interne formé de cellules parenchymateuses à parois minces, recloisonnées, plus petites que celles de la région externe.

Dans les deux parenchymes, nous avons rencontré des cellules tannigènes et de nombreux cristaux d'oxalate de calcium.

6° La Fleur. — La fleur est blanche, veinée de pourpre ou de violacé, solitaire à l'extrémité de la hampe. Le calice présente cinq sépales un peu soudés à la base, légèrement membraneux sur leurs bords; la corolle comprend cinq pétales obovales, obtus, très minces, trois fois plus longs que les sépales. L'androcée est gamostémone. Dix étamines à filets grêles et subulés, alternativement longs et courts, soudés à leur partie inférieure; les anthères sont oscillantes, biloculaires, à déhiscence loculicide. L'ovaire est libre, pentagonal, à cinq loges biovulées, à placentation axile et déhiscence loculicide, surmonté de cinq styles caducs; les ovules sont anatropes, horizontaux, bitégumentés, à raphé interne.

Nous tenons à faire remarquer, à propos de l'ovaire, un détail qui nous a frappé; c'est que les parois internes des carpelles sont garnies de poils simples, unicellulaires, enfermés dans l'intérieur des loges carpellaires. La présence de ces poils est assez curieuse en cet endroit. Nous ne pensons pas qu'il faille leur attribuer un rôle quelconque; leur existence s'explique assez aisément, si l'on admet, avec les botanistes modernes, que le carpelle n'est qu'une feuille transformée; ces poils correspondraient, dans cette hypothèse, à ceux qui se trouvent sur la face supérieure des feuilles de l'*Oxalis acetosella*.

7° LE FRUIT ET LA GRAINE.— Le fruit est une petite capsule à parois membraneuses presque translucides, dont les loges, au nombre de cinq, contiennent chacune deux graines rouge brun. Chaque loge s'ouvre par une fente longitudinale, et la paroi de ces loges présente deux épidermes extérieur et intérieur formés de cellules rectangulaires, entre lesquelles nous avons trouvé un tissu d'éléments polygonaux irréguliers assez dense vers la cloison commune des loges, mais qui devient, au contraire, très lâche et à éléments énormes à la partie dorsale de celles-ci.

La déhiscence est loculicide; la graine se projette d'elle-même, et les parois du fruit ne prennent aucune part active à cette projection. Tous les auteurs considèrent le tégument externe de la graine comme l'organe qui détermine ce mouvement. La projection de la graine se fait par le travail des éléments mous de ce tégument et grâce à la présence du mucilage abondant que renferme la graine. A la maturité de celle-ci, toute cette couche se contracte, le déchirement commence au point le plus faible (micropyle) et se continue le long de l'ellipse formée par la graine. Cette couche, devenue, sèche s'enroule avec rapidité. Il se produit différentes forces dont les résultantes se composent dans une direction plus ou moins perpendiculaire à la surface d'insertion, en même temps qu'il se fait une sorte de pression sur la partie la plus proche de l'axe, et la graine est projetée un peu à la façon d'un noyau que l'on presse entre les doigts.

La chaleur ou une faible pression activent la déhiscence de la graine.

Ainsi, au moment de la déhiscence, les graines abandonnent toute la partie parenchymateuse de leur enveloppe, ce qui a fait croire à la présence d'une arille ou arillode. Peut-être la contraction des parois de la capsule à la période de maturité et de dessication joue-t-elle aussi, à notre avis, un certain rôle dans l'expulsion de la graine.

8° Graine.— La graine qui provient de la transformation de l'ovule s'est débarrassée au sortir du fruit de son tégument externe que l'on a longtemps considéré comme une arille ou arillode. Elle est luisante, d'un rouge brun, plan convexe, et présente à sa surface cinq côtes saillantes plissées longitudinalement ; sa forme est ovale ou oblongue, sa longueur est de deux millimètres environ sur un millimètre de largeur et un demi-millimètre d'épaisseur. La placentation est axile, les graines sont insérées ordinairement au nombre de 15 sur trois rangs.

La graine renferme à l'intérieur un corps organisé qui, par son développement, reproduira une nouvelle plante, l'*embryon*.Chez l'*Oxalis acetosella*, il est intraire, placé à l'intérieur de l'endo sperme qui le recouvre de toutes parts ; il est axile, situé dans la direction de l'axe, et, de plus, il est homotrope, c'est-à-dire qu'il dirigé sa radicule contre le tégument, sur le micropyle près du hile. On y distingue un cylindre court qui est la tigelle, terminé d'un côté par un petit cône, la radicule, formant le suspenseur, et de l'autre côté, une masse ovoïde qui se laisse séparer en deux parties applicables l'une contre l'autre par leur face plane, ce sont les cotyldons qui portent caché entre eux le cône végétatif du rhizome.

Structure microscopique de lâ Graine. — Coupée transversalement à des niveaux différents, la graine nous à présenté trois sections dissemblables par suite de la présence et de la forme de l'embryon. Toutes trois présentent un contour irrégulier comportant des saillies représentant les côtes et formées de tissu subérifié à cellules lâches, rectangulaires, colorées en brun ; au dessous, se trouve l'albumen formé d'un tissu de cellules polygonales irrégulières, assez larges, à parois minces renfermant une grande quantité de corpuscules amylacés qui accompagnent les restes du-protoplasme.

L'une des coupes faites transversalement vers le tiers supérieur de la graine, contient une partie de l'embryon, l'axe hypocotylé, représenté par une surface circulaire à cellules régulièrement disposées surtout vers la périphérie.

La seconde section, passant vers le milieu de la graine, accuse également la présence de l'embryon qui, ici, est de forme ovale et semble partagé vers le milieu par une bande transversale séparant les deux cotylédons formés de cellules à parois minces disposées en lignes concentriques et gorgées d'amidon. Enfin, la troisième coupe effectuée vers la base ne contient à l'intérieur de la cuticule et du tissu subérifié que la masse de l'albumen.

CHAPITRE IV

COMPOSITION CHIMIQUE *DE L'OXALIS ACETOSELLA*

Contrairement à de nombreuses plantes de la famille des Oxalidacées, qui possèdent des glandes ou des cellules sécrétrices, soit dans leurs bulbes écailleux, soit dans leurs feuilles ou leurs sépales, l'*Oxalis acetosella* ne nous a offert à l'étude aucun appareil glandulaire bien caractérisé. Des cellules cristalligènes à oxalate de calcium et quelques cellules à tannin représentent les seuls éléments de cette plante pourvus d'une fonction sécrétrice, encore ces éléments sont-ils tout à fait indifférenciés et disséminés au hasard dans les divers tissus du végétal.

Le suc cellulaire de l'*Oxalis*, dont la réaction est acide, a pour seul caractère particulier sa richesse en un dérivé de l'acide oxalique, l'oxalate de potassium. Un autre dérivé de cet acide, l'oxalate de calcium insoluble, se présente en grandes quantités dans les divers parenchymes sous la forme de prismes isolés d'apparence cubique ou losangique ou sous la forme de mâcles revêtant l'aspect de sphère épineuse. Nous avons observé dans le limbe l'existence de mâcles en sablier. Il est rare, enfin, de trouver de l'oxalate de calcium sous la forme d'un sablé cristallin.

Cristaux ou mâcles sont contenus dans des cellules dites cristalligènes, répandues abondamment dans le tissu fondamental des divers organes, surtout dans le rhizome et le pétiole foliaire au voisinage des faisceaux, fréquentes également dans le limbe aux environs des faisceaux des nervures. Ces cellules cristalligènes ne présentent dans leur structure rien de particulier; elles sont parfois ordonnées en véritables files et ne contiennent jamais d'amidon.

L'oxalate de calcium sous forme de raphides n'existe pas chez l'*Oxalis acetosella*, ce fait est dû aux propriétés du suc cellulaire qui est aqueux. On sait, en effet, que la formation des mâcles qui cristallisent avec six molécules d'H^2O est en relation avec un milieu cellulaire riche en eau, tandis que celle des raphides qui ne contiennent que deux molécules d'H^2O se fait surtout dans les milieux gommeux ou mucilagineux, retenant énergiquement l'eau du suc cellulaire.

Selon Acqua, l'acide oxalique prend naissance dans toutes les cellules du parenchyme cortical et médullaire et s'y combine à la potasse. L'oxalate soluble formé passe d'une cellule à l'autre par les méats intercellulaires et parvient ainsi aux cellules cristalligènes.

Les solutions de sels calciques provenant du sol diffuseraient au contraire à travers la paroi cellulosique des membranes, mais ne peuvent pénétrer dans les cellules ordinaires du parenchyme à cause des propriétés de la couche la plus externe du protoplasme il n'en serait pas de même dans les cellules cristalligènes, où cette couche ou ectoplasme serait perméable aux sels de calcium. De la rencontre de ces derniers et de l'oxalate soluble dans la cellule cristalligène résulteraient les cristaux ou les mâcles.

Suivant le même auteur, l'oxalate soluble s'accumulerait dans les espaces intercellulaires, où il peut être amené à cristallisation. Acqua admet l'existence dans ces espaces d'une couche plasmique protégeant les oxalates solubles contre le contact des sels calciques qui imprègnent les membranes (?).

Tout ce que nous pouvons dire personnellement, c'est que si l'on traite par l'eau de chaux des coupes d'organes d'*Oxalis acetosella*, il se forme un sablé d'oxalate de calcium, répandu dans les grands éléments du tissu fondamental. Si ce sablé paraît se former de préférence au contact des membranes des cellules, nous n'avons pas observé qu'il se formât particulièrement dans les espaces intercellulaires.

Le tannin est assez répandu dans un certain nombre d'éléments du tissu fondamental du rhizome (au voisinage de l'endoderme) et dans l'écorce des racines. Nous l'avons mis en évidence dans ces localisations par l'immersion de l'organe dans le perchlorure de fer dilué (coloration bleu noirâtre) et dans la solution de bichromate de potassium (coloration rouge-brunâtre). Le tannin est en dissolution dans le suc cellulaire.

Les substances mucilagineuses n'existent chez l'*Oxalis acetosella* que dans la couche la plus externe du revêtement de la graine, celle qui se détache au moment de la déhiscence. Sur la graine sèche, il n'en existe plus de trace, ainsi que nous nous en sommes assurés, par la réaction de la potasse et du rouge Congo (qui colore le mucilage en rose vif).

L'amidon est excessivement abondant dans la plus grande partie des cellules du tissu fondamental de tous les organes : il est formé de grains globuleux ou ovoïdes et ne présente aucun caractère spécial. L'*Oxalis* contient aussi des sucres réducteurs; nous avons obtenu en particulier une faible réduction de la liqueur cupro-potassique avec le produit du broyage des renflements moteurs des feuilles.

La composition chimique de l'*Oxalis acetosella* ne présente, en somme, comme caractère digne de retenir l'attention, que la richesse de cette plante en oxalates : aussi les applications de l'*Oxalis acetosella* reposent-elles seulement sur la présence de ces sels. Vu les prétendues propriétés antiscorbutiques attribuées par les anciens à l'Alleluia, M. Guignard avait espéré déceler dans cette plante, par les réactifs appropriés, l'existence de la myrosine; mais ce corps qui est de règle dans les végétaux dits antiscorbutiques, n'a pu être mis en évidence, et Chauvel a de même tenté en vain le dédoublement du myronate de potassium avec le produit du broyage de diverses Oxalidées. Le rapprochement fait autrefois entre l'*Oxalis* et les plantes antiscorbutiques n'est donc pas fondé.

CHAPITRE V

PROPRIÉTÉS ET USAGES PRÉPARATIONS PHARMACEUTIQUES

L'*Oxalis acetosella*, ainsi que nous l'avons vu précédemment, était connue des anciens qui la nommaient *Oxys*, et possédait, d'après eux, des propriétés indiscutables. De nos jours, elle n'est plus guère utilisée par les médecins malgré les éloges qu'en ont fait ROSENSTEIN et surtout FRANCK. Nous lisons que dans PLINE elle était usitée pour relâcher le ventre et modérer l'ardeur des entrailles. Selon FUSCHIUS : « On l'a baillée pour renforcer un estomach travaillé » et dissolu. Pareillement on la faict manger à ceux » à qui le boyau descend. Elle porte médecine contre » ulcères, playes, et fistules, fréquemment contre celles » de la bouche. Élle en a garde d'avoir soif, et à bref » dire, elle ha telle vertu que l'oseille ».

Suivant MATTHIOLE, la plante entière rafraîchit de la même façon que l'oseille. Elle apaise la soif ardente, calme les douleurs du ventricule. Elle exerce son action bienfaisante sur le foie et fortifie le cœur. Son eau donnée par gouttes, ou mieux l'emploi du suc de la plante mêlé au sucre, est excellent contre la fièvre. On s'en frictionne dans l'érysipèle. On s'en enduit aussi la bouche, lorsque la langue, le palais et la gorge sont en état d'inflammation.

D'après Bauhin, elle est indiquée contre les maladies du cœur, à cause de son action tempérante, et non pas, comme le pensait Porta, à cause de ses feuilles cordiformes. On l'a vantée également contre les morsures de serpent. Suivant le témoignage de Bokelio, la conserve de trèfle acide aurait été préconisée contre la peste (!). La conserve était préparée au printemps avec le sucre et se prenait le matin, en prises de la grosseur d'une châtaigne.

Rembert Dodoens, médecin de la ville de Malines, écrit dans son Histoire des plantes : « Le pain de cocu » est bon à ceux qui ont l'estomac débile et mala» dieux, car il sèche et resorcist l'estomach et réveille » l'appétit. Il est bon contre ulcères pourris et puants » de la bouche, si on la lave de la décoction d'iceluy ».

J. Franck s'en serait servi avec grand succès contre les fièvres malignes pétéchiales épidémiques; il lui donne les plus grands éloges sous ces différents rapports. Sa décoction modérait la soif, calmait l'ardeur fébrile, régularisait les selles, facilitait les urines. Sous son emploi, il a vu les vomissements cesser, l'amertume de la bouche disparaître et l'appétit se rétablir.

Rosenstein, célèbre médecin suédois (1403-1473), recommandait l'usage de cette même plante en salade « pour expulser les foyers putrides qui se développent dans l'intestin pendant l'hiver et deviennent la source de fièvres printanières », dont l'*Oxalis* serait ainsi le préservatif.

Cazin, dans sa pratique journalière, faisait avec l'Alleluia une boisson acidulée, limonade des plus agréables qui remplaçait celle que l'on compose avec le citron.

Peyrille s'en est servi dans certaines diarrhées, dans les dysenteries bilieuses et surtout dans les inflammations aiguës des reins, de la vessie et du canal de l'urèthre. Il appelle l'*Oxalis acetosella*, le citron du Nord.

V. Mérat, de Lens, rapporte que les équipages du capitaine Baudin présentaient quelques signes de scorbut, probablement par suite de la privation de végétaux frais, mais qu'on trouva la plante si abondante au port de Verstern, que tout l'équipage en mangea, ce qui fit disparaître toute trace de scorbut.

Son action tempérante et rafraîchissante est due à son acidité. Elle est également laxative. Cazin a observé qu'elle favorise l'action des purgatifs. Il faut attribuer son effet antiscorbutique à la présence des sels de potasse. On la fait manger en salade aux personnes atteintes de scorbut et l'on emploie dans le même but le suc de la plante. Comme diurétique, son action est légère et se rapproche de celle de quelques sels de potasse; seulement on ne doit pas oublier, comme le fait judicieusement observer Chamberet, que puisque certains calculs sont composés d'oxalate de calcium, il serait prudent de s'en abstenir chez les calculeux. Comme fébrifuge, Franck et Rosenstein l'ont employée avec succès contre les fièvres bilieuses et inflammatoires.

Il existe dans l'ancienne pharmacopée une formule dite *Poudre tempérante de* Rosenstein, et dans laquelle entrait la poudre d'*Oxalis acetosella.* Plus tard, cette formule fut modifiée et la poudre d'Alleluia fut remplacée par une certaine quantité de sel d'oseille. Ainsi, voici la composition de la poudre tempérante de Rosenstein d'après la Pharmacopée universelle de Jourdan :

R/	Nitre	90
	Sel d'oseille	30
	Sucre	300

Mêlez et pulvérisez.

A l'extérieur, l'*Oxalis* a été regardée comme mâturative et employée en topiques sur les abcès froids et les tumeurs scrofuleuses, pour les résoudre ou en hâter la suppuration.

Dans l'industrie, elle a servi pour aviver le Carthame et surtout pour la préparation du sel d'oseille, concurremment avec les *Rumex acetosa* et *R. acetosella.* A l'heure actuelle, les procédés synthétiques de la chimie organique ont ôté toute importance à l'*Oxalis* dans la fabrication de l'acide oxalique et des oxalates. On peut dire que des multiples applications anciennes de l'*Oxalis*, il ne reste aujourd'hui à peu près rien : la plante est acidule et rafraîchissante; de par sa composition, elle peut être utilisée dans tous les cas où l'on se sert de l'oseille ou de l'oxalate de potasse.

Nous donnons ici les principales préparations pharmaceutiques dont elle peut former la base. Nous avons tenu à refaire nous-même chacune d'elles.

PRÉPARATIONS PHARMACEUTIQUES. — *Suc.* — Pour obtenir le suc, on pile la plante fraîche dans un mortier de marbre, on l'exprime et l'on clarifie le liquide obtenu par filtration s'il doit être pris en nature, et par coagulation à chaud s'il est destiné à la préparation du sirop.

La plante étant suffisamment succulente (puisque, d'après SAVARY, 100 livres d'*Oxalis acetosella* donnent 50 livres de suc dont on retire 5 onces de sel d'oseille), il n'est pas nécessaire de lui ajouter pendant la contusion le 1/8 de son poids d'eau pour faciliter l'extraction.

Le suc, obtenu par nous, était d'une belle couleur rouge groseille, fortement acide, rougissant le papier bleu de tournesol; il possédait une odeur et une saveur rappelant celle de l'oseille commune.

Nous avons constaté l'existence, dans le suc d'*Oxalis*, d'un dépôt chimique constitué par des cristaux microscopiques en prismes courts surmontés de deux pyramides. Ces cristaux, ne sont autres que de l'oxalate de calcium, ainsi que nous nous en sommes assuré par l'examen microchimique. Il s'agit là d'une forme connue, mais assez rare, de cristallisation de l'oxalate de calcium, due sans doute aux conditions particulières de formation dans le suc. On trouve, d'ailleurs, à côté d'elle, des formes octaédriques ordinaires.

Le suc d'*Oxalis*, qui est chargé d'une grande quantité d'oxalate de potassium, précipite le suc de joubarbe, qui contient beaucoup de malate de calcium. Il précipite également l'albumine et la matière colorante de tous les autres sucs, notamment ceux de Bourrache, de Fumeterre, de Saponaire, etc., et les décolore presque entièrement. Insoluble dans l'éther, il donne avec la potasse et l'ammoniaque, une coloration vert sale ; les acides acétique, chlorhydrique, nitrique et sulfurique en avivent la couleur ; le perchlorure de fer en solution colore le suc en rouge brun, le sous-acétate de plomb liquide donne un précipité verdâtre, enfin, le suc d'Oxalide verdit par le carbonate de potasse.

Le suc se prenait à la dose de 1 à 3 onces, et servait principalement à l'extraction du sel d'oseille et de l'acide oxalique.

Voici, d'après DEGUIN (1854), comment on opérait : « On pile la plante dans des auges, puis on en exprime » le suc et on le clarifie en y délayant un peu d'argile. » On décante ensuite la liqueur et on la soumet à » l'évaporation. Il se dépose au bout de quelque » temps de beaux cristaux d'oxalate de potasse. On » dissout ces cristaux dans l'eau, puis on les trans- » forme en oxalate neutre en y versant du carbonate » de soude et on les traite ensuite par l'acétate de » plomb. On précipite ainsi tout l'acide oxalique à » l'état d'oxalate de plomb. On recueille cet oxalate, » on le lave, puis on le traite par l'acide sulfurique » afin d'en séparer l'oxyde de plomb, et on fait cristal- » liser la liqueur après l'avoir décantée. On obtient » ainsi de beaux cristaux d'acide oxalique.

Selon VIREY (1811), à l'époque de la floraison, la plante fournit moins de sel, et d'après cet auteur, il faut plus de 100 livres de feuilles d'alleluia pour avoir 5 ou 6 livres de cet oxalate purifié.

Le sel d'oseille ou oxalate acide de potassium, qui résulte de la combinaison de l'acide oxalique et de la potasse, avec excès d'acide, était employé comme rafraîchissant, astringent, antiputride, à la dose de 1 scrupule (1 gr. 274), à 2 gros (7 gr. 648) dans l'eau ou le petit lait sucré sous forme de limonade rafraîchissante.

Nous en avons préparé à différentes reprises des potions prescrites par le docteur J.-B. DUBAR, à la dose de 0 gr. 20 à 0 gr. 25, pour 150 de véhicule comme tempérant. Ce sel servait aussi à préparer des limonades sèches, et entrait dans la composition des tablettes pour la soif, à la dose de 3 à 4 par jour, tablettes dont voici la formule inscrite au Codex de 1837 sous le n° 489 :

Tablettes de suroxalate de potasse. Pastilles pour la soif

R/		
	Suroxalate de potasse porphyrisé .	12
	Sucre très blanc en poudre . . .	500
	Mucilage de gomme adraganthe .	Q. S.
	Huile essentielle de citrons . . .	0,6

« Faites, suivant l'art, des tablettes de douze grains que vous conserverez dans un flacon bien bouché ».

Les anciens chimistes indiquaient déjà que le sel

d'oseille et l'acide oxalique dissolvent les oxydes de fer et les employaient pour enlever les taches d'encre.

Conserve. — Le suc de la plante fraîche étant très altérable, et pour le remplacer dans les saisons où il est impossible de se procurer l'*Oxalis*, on a recours à l'addition du sucre en quantité suffisante pour obtenir une pâte molle que l'on appelait saccharolé mou, électuaire ou conserve, et dont voici la formule :

R/	Feuilles fraîches d'alleluia	10
	Sucre blanc	30

« Pilez les feuilles et le sucre dans un mortier pour réduire le tout en une pulpe homogène que vous passerez à l'aide du pulpoir à travers un tamis de crin n° 2 ».

Cet électuaire préparé par nous, était de consistance molle, de couleur vert foncé, à saveur agréable, et possèdait une odeur qui rappelait celle de la plante fraîche.

Sirop. — Le sirop se prépare avec le suc de la plante fraîche, et l'on peut l'obtenir de deux façons différentes, soit avec le sucre, soit avec le sirop simple.

1°	Suc d'alleluia dépuré à chaud . .	1.000
	Sucre blanc concassé	1.900

Faites un sirop par solution au bain-marie couvert et passez.

2°	Suc d'alleluia clarifié et filtré . .	1
	Sirop de sucre.	3

Le suc d'alleluia doit être préalablement chauffé

au bain-marie dans un vase fermé, refroidi et filtré; on y ajoute le sirop de sucre et l'on fait cuire à 30° bouillant. On pourrait aussi faire cuire séparément le sirop de sucre et le décuire avec le suc d'alleluia; on donne quelques bouillons au mélange, s'il n'est pas au degré convenable.

Le sirop ainsi obtenu est d'une belle couleur rouge groseille, de saveur agréable, à odeur *sui generis*, rappelant celle de la plante, et donne les mêmes réactions que celles du suc.

CHAPITRE VI

PHYSIOLOGIE DE *L'OXALIS ACETOSELLA*

Mouvements spontanés et provoqués

L'*Oxalis acetosella* a depuis longtemps attiré l'attention des naturalistes par les mouvements spontanés que présentent ses feuilles.

Ces mouvements consistent dans l'abaissement et dans le relèvement alternatifs des folioles du limbe. Leur siège est situé au niveau du point d'insertion de celles-ci sur le pétiole, insertion qui porte le nom de renflement moteur, coussinet ou *pulvinulus*, et dont nous avons exposé la structure, d'ailleurs fort simple, dans le chapitre ayant trait à l'histologie.

Mais, si les mouvements présentés par les folioles des Oxalis en général et de l'*Oxalis acetosella* en particulier sont peu variés, ils se produisent dans des conditions assez différentes pour qu'il y ait lieu de distinguer :

1° Le phénomène du sommeil nocturne (nyctitropisme);

2° Le phénomène de sommeil diurne se produisant sous l'influence d'un éclairement très intense et d'une température élevée;

3° Les mouvements déterminés par des causes mécaniques;

4° Les mouvements périodiques spontanés.

Autrement dit, l'Oxalis replie ses folioles à l'obscurité, ou encore sous l'influence des rayons solaires, ou enfin sous l'action des excitations mécaniques. Les folioles présentent en outre de légers mouvements périodiques spontanés au cours de la journée.

De ces divers phénomènes, ce sont ceux du sommeil nocturne qui sont les plus anciennement connus. Le sommeil de certains végétaux semble avoir été observé déjà du temps de PLINE L'ANCIEN. En tout cas, au XVIe siècle, VALERIUS CORDUS a décrit le sommeil de *Glyccirrhiza echinata*. LINNÉ s'est occupé de la question dans son *Somnus plantarum*, mais c'est au XIXe siècle surtout que le sommeil des plantes a été étudié par de nombreux naturalistes et physiologistes, parmi lesquels nous citerons plus particulièrement SACHS, PFEFFER, DARWIN, Paul BERT, LECLERCQ DU SABLON, CUNNINGHAM, Mlle RODRIGUE, SCHWENDENER.

Pour ce qui concerne les mouvements dus aux excitations mécaniques, MORREN est le premier qui les ait signalés (1840). Les mouvements périodiques spontanés enfin, non liés aux alternatives de lumière et d'obscurité, ont été consciencieusement étudiés par DARWIN.

Nous n'avons pas l'intention de reprendre ici chronologiquement les théories émises par les différents auteurs pour expliquer les mouvements spontanés ou provoqués de l'*Oxalis*. On trouvera, dans la thèse de CHAUVEL sur les Oxalidacées, un résumé de l'historique de la question ; nous nous bornerons à envisager ici les théories les plus récentes à la lumière des faits observés par les auteurs et de ceux que nous avons pu constater par nous-même.

Rappelons brièvement tout d'abord la nature des mouvements des folioles limbaires de l'Oxalis : La position diurne est caractérisée par l'épanouissement complet, la position nocturne, par le reploiement et l'abaissement des surfaces limbaires. Dans l'attitude de sommeil, chacune des folioles se dirige en bas et en arrière, rapprochant sa face inférieure contre le pétiole commun et l'amenant en contact avec la foliole voisine. MATTHIOLE disait déjà à ce sujet au XVIe siècle, que les feuilles de l'Oxalis sont « souvent retirées contre la queue comme un champignon ».

Tous les auteurs modernes sont d'accord pour placer le siège des mouvements dans la région d'insertion de la foliole sur le pétiole (renflement moteur, coussinet). Nous renvoyons au chapitre III pour ce qui concerne l'histologie de cette région. Nous insistons seulement ici sur la petitesse des éléments cellulaires qui composent ce coussinet et sur la ligne de démarcation absolument nette qui sépare ce massif de petites cellules des grands éléments, tant du tissu fondamental du pétiole que du parenchyme lacuneux de la base du limbe. Le coussinet apparaît donc comme une région très bien différenciée, soit que l'on attribue la petitesse des cellules composantes à des recloisonnements successifs comme nous tendons plutôt à le croire, ou à un arrêt précoce du développement, comme l'admet Darwin.

Un autre point sur lequel s'accordent la plupart des auteurs qui ont cherché l'explication des mouvements des folioles de l'*Oxalis* (ou des végétaux à mouvements spontanés ou provoqués), c'est que ces mouvements tirent leur origine des variations de turgescence d'un tissu cellulaire. Le fait est admis depuis que Sachs, dans son *Traité de Physiologie végétale* (1864), a mis en lumière le rôle des variations d'expansion du tissu érectile cellulaire bridé dans ses mouvements par les autres tissus du végétal (épiderme, faisceaux libéro-ligneux).

Pfeffer a repris avec autorité cette manière de voir, et c'est à sa suite que la plupart des auteurs dans la dernière partie du XIXe siècle ont admis que, dans le renflement moteur de l'*Oxalis*, la turgescence se manifestait alternativement sur la portion supérieure et sur la portion inférieure de ce renflement. Dans le premier cas, les folioles prenaient la position de veille, dans le second cas, la position de sommeil ; et l'on a cru reconnaître, en fait, que dans cette dernière position, la partie inférieure du coussinet était turgescente et fortement plissée, rappelant, selon la comparaison de Schwendener, l'aspect des doigts de la main humaine dans le mouvement de flexion. Cette théorie, dont nous aurons à discuter plus loin l'exactitude, étant provisoirement admise, Paul Bert a cru trouver, chez la Sensitive, l'explication de la périodicité des variations de la turgescence, en étudiant la répartition des sucres réducteurs dans le renflement moteur. On connaît le pouvoir osmotique considérable des solutions sucrées, et l'appel d'eau occasionné par l'accumulation du glucose dans le coussinet à certaines heures, aurait expliqué les variations de turgescence de cet organe; de fait, Paul BERT a trouvé que dans la Sensitive, le glucose était plus abondant le soir que le matin. Ce fait, toutefois démontré pour *Mimosa pudica*, ne nous paraît pas l'être pour l'Oxalis : Nous avons recherché nous-même l'existence du glucose dans les renflements moteurs de l'*Oxalis acetosella*, sans parvenir à obtenir par la liqueur de FEHLING autre chose qu'une trace de réduction ne différant guère de celle que l'on eût obtenue avec de nombreux tissus végétaux; la même recherche effectuée avec le chlorhydrate de phénylhydrazine ne nous a donné que des résultats négatifs.

Si même la théorie de Paul BERT s'appliquait à l'*Oxalis*, il resterait à expliquer pourquoi, selon les idées admises depuis PFEFFER, la turgescence porte alternativement sur des faces opposées du renflement moteur, et il serait nécessaire d'admettre une accumulation alternative, bien improbable, du glucose dans des régions localisées du renflement.

Pour Mlle RODRIGUE (1895), dont la théorie est l'une des plus récemment émises sur cette question, les mouvements de l'*Oxalis* sont liés aux caractères suivants : réunion des éléments résistants dans la partie axiale de l'organe, présence d'un tissu mécanique dans cette partie axiale, développement considérable du tissu cortical (conditions réalisées chez l'*Oxalis acetosella* par la réunion des faisceaux du pétiole et par la transformation du parenchyme médullaire en collenchyme.

Ceci posé, les courbures s'expliquent par la division du renflement moteur en deux parties inégales, l'une inférieure, l'autre supérieure : leur sens s'explique par ce fait que les variations de turgescence sont plus fortes du côté inférieur que du côté supérieur.

Or, il nous paraît difficile, personnellement, de nous rallier à certaines des propositions qui précèdent : et d'abord la réunion des éléments résistants (faisceaux et collenchyme), dans la partie axiale, et le développement marqué de l'écorce, nous semblent des caractères de nature banale, que l'on pourrait aussi bien invoquer à propos d'un grand nombre de végétaux dépourvus de mouvements spontanés : d'autre part, nos coupes du renflement moteur (fig. 11) ne nous ont nullement affirmé la division de celui-ci en deux parties inégales, et dans les sections longitudinales, les faisceaux conducteurs nous ont toujours paru occuper sensiblement l'axe géométrique du coussinet.

Quant à ce fait que les variations de turgescence sont plus fortes du côté inférieur que du côté supérieur, il nous paraît plus clairement expliqué par l'hypothèse de Leclerc du Sablon que par celle de Mlle Rodrigue. Le premier de ces auteurs, en effet, a fait intervenir une différence structurale entre les cellules de la portion supérieure et de la portion inférieure du coussinet, et considère les mouvements observés comme la conséquence des propriétés de la membrane cellulaire.

L'étude de coupes longitudinales du renflement a prouvé, en effet, à M. Leclerc du Sablon, que les cellules de la partie supérieure du coussinet (celle

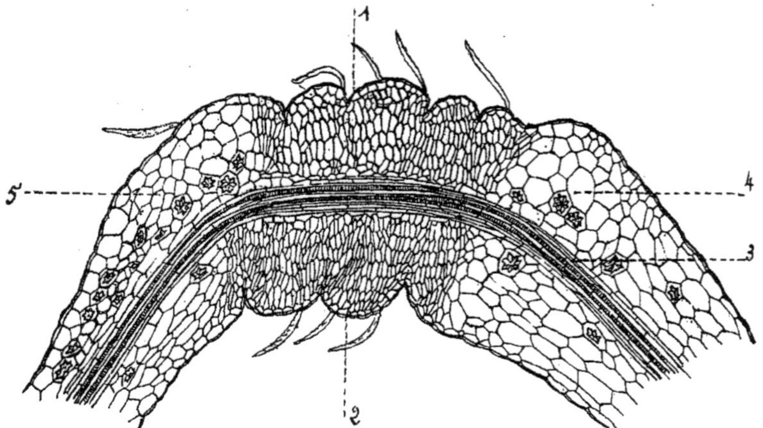

Fig. 11. — Coupe longitudinale du renflement moteur chez *Oxalis acetosella* en position de sommeil (demi-schématique). 1, Portion supérieure et 2, portion inférieure du coussinet, montrant les plis superficiels, et les petites cellules qui semblent plus comprimées en bas qu'en haut. Les parois cellulaires sont un peu plus épaisses dans cette dernière région; 3, Section longitudinale du faisceau de la foliole; 4, Tissu fondamental à grandes cellules du sommet du pétiole; 5, Base de la foliole. Grossissement de 30 diamètres environ.

qui devient convexe dans la position de sommeil), ont des parois généralement plus épaisses que celles de la partie inférieure (qui devient concave), et une expérience élégante de cet auteur prouve que le gonflement par l'eau des parois cellulaires de la partie supérieure, amenait naturellement la position de sommeil. Des coupes longitudinales fines du coussinet, jetées dans l'eau, prennent, en effet, la position recourbée qui caractérise la position nocturne des folioles. Il ne s'agirait donc pas d'une différence de turgescence de deux régions opposées du coussinet, mais d'une différence de la force d'expansion des parois cellulaires supérieures plus épaisses, lorsque pour une cause quelconque, la turgescence est modifiée en plus (froid, fraîcheur de la nuit), ou en moins (chaleur du midi).

Cette manière de voir nous semble, pour notre part, très séduisante : nous avons peine à admettre en effet, que la courbure qui se produit sur la face inférieure du coussinet dans la position nocturne, courbure qui entraîne la formation des plis signalés plus haut, soit le résultat d'une turgescence plus grande de la partie inférieure du renflement. Sur nos sections longitudinales, portant sur des renflements en position de sommeil, les cellules inférieures n'ont, en aucune façon, l'aspect plus turgescent que les supérieures, elles sont au contraire fortement comprimées les unes contre les autres, suggérant plutôt l'idée d'une compression mécanique passivement subie, que celle d'une turgescence active. Les cellules supérieures ne sont pas non plus très turgescentes, mais paraissent moins comprimées. En somme, rien dans l'aspect microscopique ne nous a prouvé l'existence d'une turgescence plus marquée en bas qu'en haut (fig. 11). Si l'on ajoute que les parois des cellules supérieures présentent une épaisseur moyenne légèrement plus grande que celle des cellules inférieures, on comprendra pourquoi nous nous rallions de préférence à l'explication suivante qui se rapproche beaucoup de celle de Leclerc du Sablon : La position des folioles, qui, en dehors de l'action de toute cause mécanique d'origine externe ou d'origine interne (comme la turgescence), est liée au seul jeu d'élasticité des parois cellulaires au niveau du renflement, paraît être la position de courbure ; l'expérience à laquelle il est fait allusion plus haut, nous semble le prouver. Si, dans la journée, les folioles sont redressées, c'est qu'une turgescence modérée tend à contrebalancer la force d'expansion des cellules supérieures. Mais lorsque la la turgescence devient très forte (comme c'est le cas vers le soir), l'imprégnation intense des parois cellulaires plus épaisses des cellules supérieures du coussinet gonfle celles-ci avec plus de force que les parois des cellules inférieures et ramène la courbure à concavité inférieure (sommeil nocturne).

Inversement, sous l'influence d'un rayonnement solaire assez intense, la turgescence du coussinet devenant nulle, l'organe obéit seulement aux sollicitations de la force élastique des parois des cellules supérieures et prend encore la position de sommeil (sommeil diurne).

Il s'ensuit qu'au niveau du renflement, une turgescence très faible et une turgescence très forte jouent le même rôle au point de vue de la réalisation des courbures ; ce n'est donc pas la turgescence inégale de régions opposées du coussinet qu'il faut invoquer pour expliquer les mouvements (turgescence localisée qui ne saurait recevoir d'explication plausible), mais bien la turgescence générale de toute la masse cellulaire du coussinet. A ce point de vue, la comparaison de CUNNINGHAM, qui rapproche les phénomènes qui se passent au niveau du coussinet, de ceux qui se produisent dans les cellules stomatiques, est justifiée jusqu'à un certain point.

Quant aux mouvements périodiques diurnes bien étudiés, surtout par DARWIN, ils se produisent sous l'apparence de petits déplacements ellipsoïdes. Ils sont dus très vraisemblablement à l'intensité inconstante des phénomènes de turgescence, mais la cause de leur périodicité nous échappe. Il en est de même pour les mouvements provoqués, dont le mécanisme est encore très obscur. Il se produit sans doute dans le coussinet, comme le fait a été démontré pour la Sensitive, une modification en plus ou en moins de la teneur en eau, mais le mécanisme nous en reste absolument inconnu.

On voit qu'en somme, les phénomènes de sommeil nocturne et de sommeil diurne sont, parmi les mouvements présentés par l'*Oxalis*, les seuls sur lesquels nous ayons quelque lumière : Pour le sommeil diurne, la cause en réside dans une exposition directe et prolongée aux rayons solaires ; quant au sommeil nocturne, il est bien prouvé depuis PFEFFER qu'il trouve sa cause dans les alternatives de lumière et d'obscurité, alternatives qui modifient puissamment les conditions de circulation des liquides dans le végétal, par les changements qu'elles entraînent dans les fonctions de chlorovaporisation et de transpiration.

Si les mouvements se prolongent parfois périodiquement lorsque la plante est placée pendant longtemps dans l'obscurité, il faut admettre soit une action cumulative de l'énergie lumineuse (*Nachwirkung* de PFEFFER), soit l'effet d'un entraînement acquis depuis de très nombreuses générations (habitudes de DARWIN).

En hiver, où la circulation des sucs cellulaires est extrêmement peu active dans la plante, les folioles de l'*Oxalis* restent ordinairement dans la position de sommeil. La transmission des mouvements provoqués chez les plantes a fait l'objet d'un certain nombre de théories toutes aussi indémontrées les unes que les autres (transmission par la partie ligneuse des faisceaux, par des filaments protoplasmiques intercellulaires, etc.). MAC DOUGHAL et HABERLANDT, à la suite d'études sur les *Biophytum*, ont conclu que la paroi cellulaire jouerait dans cette transmission un rôle plus actif que le protoplasma lui-même.

Le but des mouvements de reploiement des folioles de l'*Oxalis*, dans le sommeil diurne et le sommeil nocturne, semble assez bien démontré à l'heure actuelle. DARWIN a prouvé, en effet, par de nombreuses expériences, que les folioles d'*Oxalis* qu'il empêchait de se replier la nuit en les épinglant sur des plaques de liège, souffraient beaucoup plus du rayonnement nocturne, que les folioles laissées libres de prendre la position de sommeil. Ceci a donc pour effet de diminuer dans une large mesure ce rayonnement, et le fait que les folioles restées horizontales se recouvrent plus de rosée que les autres, vient encore à l'appui de cette idée. De même, BATALIN a montré que les folioles d'*Oxalis* que l'on exposait au soleil, en les empêchant de se refermer, blanchissaient et mouraient en quelques jours. Le mouvement de reploiement diurne a donc incontestablement un rôle dans la sauvegarde des folioles contre un éclairement et une chaleur trop intenses.

CONCLUSIONS

Déchue du rang qu'elle occupait dans la thérapeutique d'autrefois, l'*Oxalis acetosella* n'a conservé de son ancienne renommée qu'une humble place parmi les simples utilisés encore par le peuple des campagnes.

Si les opinions émises sur ses vertus guérissantes n'ont plus pour nous aujourd'hui que l'intérêt de la curiosité, le charme du vieux langage et des naïves déductions de nos ancêtres, cette modeste plante se recommande encore à l'attention des observateurs par quelques points de sa morphologie et de sa physiologie. C'est pourquoi nous l'avons jugée digne d'être tirée de l'oubli ; ajoutons d'ailleurs que son étude histologique n'avait jamais été entreprise, et que nous pouvions sur ce point faire œuvre personnelle.

L'existence des fleurs cléistogames, le mode de déhiscence spécial des graines constituent des caractères particuliers de l'*Oxalis acetosella*. Nous avons vu qu'au point de vue histologique, et ceci s'applique spécialement au rhizome, la condensation des tissus conducteurs vers le centre de l'axe, le peu de développement des éléments ligneux, peuvent, jusqu'à un certain point, et selon nous, être considérés comme la marque d'une dégradation en rapport avec la vie souterraine de la tige et sa transformation en organe de réserve.

Toutefois, l'intérêt capital qu'excite l'*Oxalis acetosella* repose sur l'existence des curieux mouvements spontanés et provoqués de ses folioles. La critique des travaux antérieurs et nos propres observations nous ont permis de tirer, à ce point de vue, la conclusion suivante : Ces mouvements sont la résultante du conflit de deux forces antagonistes, la turgescence des éléments anatomiques d'une part, et l'élasticité propre des parois cellulaires au niveau du renflement moteur d'autre part.

Enfin, la richesse de la plante en oxalate de potassium peut justifier son emploi dans tous les cas où les acidules sont indiqués; elle peut, à ce titre, rendre quelques services, surtout dans les campagnes pauvres, et mérite par suite d'être au moins mentionnée, parmi les végétaux indigènes susceptibles de quelques applications, dans les ouvrages de matière médicale.

Bon à imprimer :
Le Président de la thèse,
FOCKEU.

Vu : *Le Doyen,*
F. COMBEMALE.

Vu et permis d'imprimer :
A Lille, le 22 février 1911.
Le Recteur de l'Académie,
G. LYON.

BIBLIOGRAPHIE

ACQUA. — Nouvelle contribution à l'étude des cristaux d'oxalate de chaux dans les plantes. Vol. III, 1889.

ALIBERT J.-L. — Dictionnaire des sciences médicales. Vol. 39, 1826.

BAILLON. — Histoire des plantes, T. V.

BAUHINUS J. — Historia plantarum universalis, T. II, Lib. 23, CIↃ IↃ CLI, 1651.

BERT Paul. — Comptes rendus, 1878.

BENTHAM G. et HOOKER. — Genera plantarum, Vol. I, Pars I, p. 276, Londini, 1865.

BERTRAND C.-Eg. — Notes de cours, 1893, 1894, 1895.

CHAUVEL F. — Recherches sur la famille des Oxalidées. Thèse de Paris, 1903.

Dr CHAUMETON, POIRET et CHAMBERET. — Flore médicale, T. V.

CLOS. — Rhizotaxie. Thèse pour la licence. Toulouse, 1848.

CODEX MEDICAMENTARIUS. — Pharmacopée française, Paris, 1818.

CODEX MEDICAMENTARIUS. — p. 419, Paris, 1837.

CORDUS VALERIUS. — Historia Stirpium, Lib. II, 1561.

CUNNINGHAM. — Annals of Botanique garden of Calcuta, 1895.

DALECHAMPS. — Histoire générale des plantes, trad. Des Moulins. T. I, Lib. 4, cap. LXVIII.

DARWIN. — The power of movements in plants, p. 228, 1880, trad. Hœckel.

De Candolle A.-P. — Prodomus systematis naturalis vegetalis, T. I, Paris, 1823.
Dechambre et Lereboulet. — Dictionnaire des sciences médicales, 2e série, T. XIX, p. 436-439.
Deguin. — Traité de Chimie. Paris, 1854.
De Meuve. — Dictionnaire pharmaceutique, 1689.
Dodoens Rembert. — Histoire des plantes. Trad. Ch. de l'Escluse. Anvers, 1659.
Dorvault. — L'Officine. Paris, 1889, p. 248.
Dumortier B.-C. — Recherches sur la motilité des végétaux. Gand, 1829.
De l'Escluse Ch. — Histoire des plantes. Anvers, 1659.
Fabre. — De la Sophistication des substances médicamenteuses, p. 163, 1812.
Fousch Léonarth. — Commentaires très excellents de l'hystoire des plantes traduitz par un homme scavant et bien expert en la matière. Paris, 1549.
Gesnerii Conradi. — Opera botanica, p.115. Norimbergoe, Seligman, 1753.
Gilbert E. — Notes. Moulins, 1910.
Guettard. — Observation sur les plantes, p. 104. Paris, 1747.
Guyettant. — Memento botanique. Paris, 1898.
Hœkel. — La Faculté motrice dans les plantes.
Jacquin. — Oxalid. Mon., Vindob, 1794.
Jourdan. — Pharmacopée universelle.
Le Clerc Daniel. — Histoire de la médecine, 1779.
Leclerc du Sablon. — Revue générale de Botanique, T. II, 1890.
Le Maout T. et Decaisne. — *Traité de Botanique*, p. 307. Paris, 1876.
Lemery Nicolas. — Dictionnaire universel des drogues simples, 1697.
Matthiole. — Commentaires sur Ped. Dioscoride. Cap. CVI, 1572.

Mac Doughal. — The mecanisme of movement and transmission of impulses, 1876.

Matthœus Sylvaticus. — Opus pandectarum medicinœ. Cap. LXXIII, 33, 1508.

Mérat V. et A.-J. de Lens. — Dictionnaire universel de matière médicale. T. V, p. 110.

Michalet E. — Sur la floraison des Viola et Oxalis acetosella. *Bulletin Soc. Bot. de Fr.* T. VII, p. 467, 1860.

Morren Ch. — Sur l'excitabilité de l'Oxalis. *Annales Sc. Nat.*, S. II, T. 14, p. 350, 1840.

Pfeffer. — Physiologische Untersuchungen, 1873.

Pfeffer.— Die Periodischen Bewegungen der Blattorgane, p. 62, 1875.

Planchon et Collin. — Les Drogues simples. T. II, p. 677, et 678, 1896.

Pline l'Ancien.— Histoire naturelle. T. II, Lib. XXVII.

Pougnet J. — Les simples chez les Anciens.

De Progel. — In martius Oxalideœ Flora Brass.

A. Richard. — Nouveaux éléments de Botanique, Paris, 1870.

Reiche K. — Zur Kentniss der Chilenischen Arten der Gattung. *Engeller Bot. Jahr.*, XVIII, 1894.

Rodrigue Mlle.— Bulletin, Soc. Bot. T. 41, p. 128, 1894.

Sachs. — Vorlesungen über Pflengenphysiologie, 1887.

Schwendener. — Die gelenkpolster von Phascolus and Oxalis, 1898.

Tragus. — De stirpium historia. Lib. I, cap. CLXXIII.

Virey J.-J. — Traité de pharmacie théorique et pratique, T. II, 1811.

LILLE. — IMPRIMERIE LE BIGOT FRÈRES

www.ingramcontent.com/pod-product-compliance
Ingram Content Group UK Ltd.
Pitfield, Milton Keynes, MK11 3LW, UK
UKHW020407230726
13925UKWH00003B/1293